JN302537

これを読むまで英語はあきらめないでください！

コペル英会話教室 校長
イムラン・スィディキ

使える英語の最短ルート勉強法

大和書房

はじめに
―― 英語が話せるようになる壺

　初めての方、初めまして。初めてではない方、いつもありがとうございます。イムラン・スィディキと申します。私はもう14年ほど英会話講師をしています。この14年間があるのも偏に英語学習者のみなさまのおかげでございます。

　本書では私の英会話教室設立10周年（2013年10月）を記念して、私が英会話講師をしてきた14年間で学んだこと全てを公開いたします。

　英会話教室を立ち上げた2003年の時点では、2013年までには「英語が話せるようになる壺」を開発し、ウハウハな生活をしている予定でした。しかし、この壺の開発が意外にも難航しています。

　「英語が話せるようになる壺」の完成はまだ先になるかと思いますので、それまではどうかこの本を大事に持っておいていただき、英語学習に励んでいただければと思います。本当に私が至らないばかりに「英語が話せるようになる壺」ではなく、本書を皆様に届けることになってしまい深く反省しております。

　「英語が話せるようになる壺」の完成まで精進する所存でございますので、どうかご容赦ください。

　さて、多くの英会話本は出し惜しみをします。そしてAmazonのレビューにあることないこと色々と書かれてしまいます。私は元来「びびり」（すぐにびびる人）でございますので、今回は意を決して出し惜しみせずに書くことにいたしました。

出し惜しみしないがために、「その話、前にも聞いたことあるよ」と思われる方もいらっしゃるかもしれません。そういう方には本当に申し訳ないとは思いますが、黙って読んでいただければ幸いです。

　本書は、私の英語学習ノウハウをてんこ盛りにいたしました。勉強法の話はもちろん、英語学習には欠かせないモチベーションの話もございます。優先順位の高い英文法に関しても、できる限り説明させていただきました。

　そして最後には実践編もございます。本書で学んだことをアウトプットできるような作りになっておりますので、きっと読み終わった頃にはご自分の英語力がアップした感覚を味わえるのではないかと思います。そして、培った英語力をどうにかして使いたい！　英語を話したい！　と思われることでしょう。

　その時はどうぞご遠慮なく私の英会話教室にご入会いただくか、私が全国を這いずり回って開催している英語講座にご参加ください。

　なんだよ、宣伝かよ、と思う方もいらっしゃいますでしょう。本書は決して私の英会話教室の宣伝のために書いたものでも、講座の宣伝として書いたものでもございません。「勧誘」が目的でございますので、どうかご容赦ください。

　では今後とも、どうぞ末永いおつきあいをよろしくお願いいたします。

イムラン

これを読むまで英語はあきらめないでください!
CONTENTS

はじめに──英語が話せるようになる壺 ····· 2

第1部 英語は続ければ必ず上達します。モチベーション管理が大切なのです!

英語の勉強で最も大事なこと ····· 12
モチベーションは上下するものなんです ····· 16
 我慢して1つの勉強法に固執する必要はない
 その日のやる気で勉強法を変えましょう
英語のモチベーションを維持できない理由① ····· 20
 モチベーションが「上がる」「下がる」はどういう状態か
英語のモチベーションを維持できない理由② ····· 28
モチベーションを上げる3つの方法 ····· 35
 結果は4ヶ月後に見えてくる
無性に勉強したくなる3つの方法 ····· 42
大人の勉強は、「慣れ」ではなく「理解力」勝負 ····· 44
英語が上達しやすい人の共通点 ····· 48
求められているのは「コミュニケーションへの意志」 ····· 54
 「完璧な英語」にとらわれていませんか?
 「コミュニケーションへの意志」って何でしょう?

第2部 英語が上達する人は、こんなふうに考えます!

インプットとアウトプットは2対8 ····· 62
 正しい学習プロセス
 とにかく英語を口から出す

中級の人もインプットが大好き
インプットは頭を使わなくて済む
上達が早い人は習ったらすぐに使う
「やるバカ」と「やらないバカ」
自分の課題を知る

「目標」は持たずに「課題」を持つ …… 71
イムラン式レベルチェック・シート
英会話力を把握する
「理解力」の課題設定
「会話力」と「ネタ力」の課題設定
課題を設定したら実行するだけ

話したいことがない人はそもそも話せない …… 79
話してみたいことを日本語でまとめる
間接学習より直接学習

いくら本を読んでも実践しないと上達しません …… 83
英語勉強法の本を買ってしまう本当の理由
「知っている」と「できる」は違います

第3部 上達が実感できる！イムラン式英語勉強法

スピーキングの勉強法 …… 88
話すネタがあるから単語を覚えられる
英単語を覚える逆転の発想
Don't study harder, study smarter.
まずは話せるトピックを増やしていく
トピック・マトリックス1で話したいこと、話す相手を決める
トピック・マトリックス2で自分のネタを整理する
モノローグかダイアローグか決めて英語にする
「話す順番」を意識すれば会話量が増える

先に結論を言わないと能力が低いと思われる
Bodyでの説明は多ければ多いほど良い
Bodyのまとめ
Conclusionで話を終わらせる
Introduction, Body, Conclusion の練習問題
スピーキングは練習すれば、すぐにコツがつかめます
「話したいことが特にない!」という方へ

リスニングの勉強法 …… 115

can'tはキャントとは発音しません
リスニングはとにかく発音練習をすれば上達する
「リスニング向上には映画を観ると良い」は都市伝説
通勤中のCD流し聞きは何の足しにもなりません
CDは「日本語」→「英語」のものを選ぶ
教材は何でもいい
周波数より「単語のつながり」と「母音」

発音の勉強法 …… 130

発音でリスニングがさらにアップします
ビジネス英会話の勉強法
ビジネス英会話で本当に大変なのは会食
で、結局ビジネス英会話は何を学べばいいの?
ビジネス英語は日本語を話せる先生に学びましょう

リーディングの勉強法 …… 139

頭から日本語に訳す、これしかない

ライティングの勉強法 …… 143

IBCメソッドにそって書く

単語の覚え方 …… 145

単語は文ごと覚える
位置で意味が変わる単語もある
イディオムを使うと感心される

英会話教室の選び方、など小ネタ …… 154

英会話教室に通った方がいいタイプの人
どんな英会話教室を選べばいいか?
英語オンリーのレッスンは初級者には非効率的
留学して上達する人、しない人

第4部 もう迷わない! 英文法の基本時制をマスターしましょう

英文法には優先順位がある …… 164
文法はイメージや感覚で覚えてはいけません!
会話でよく使う時制は7つ

現在形の使い方 …… 168
初心者、初級者用の「シンプル自己紹介」
現在形か現在進行形かで迷ったら

現在進行形の使い方 …… 173
未来の話も現在進行形でできる!!
現在進行形のおさらいと練習

未来形の使い方 …… 181
be going to は「決まっている予定」
未来形のおさらいとテスト
willは「今決めたこと」
willと現在進行形&be going toの違い
今までの未来形は捨てましょう
might=「かもしれない」でそのまま覚える
未来形第5の仲間: have to
未来形というか「未来系」
未来系第6の刺客: I'm thinking of
未来系第7の刺客: I'm planning to
「英語の感覚」で覚えようとしない方がいいです
未来系のおさらい

過去形の使い方 …… 199
過去形と現在完了形の区別
haveやhadを入れても丁寧にならない

現在完了形の使い方 …… 201
現在完了形1:イムランの本読んだことある?
haveの意味は考えなくていいです!
現在完了形2:もう○○した?
現在完了形3:東京に住んで3年になります
現在完了形4:あれから……、あの時から……
現在完了形5:やっと○○しました、しちゃいました
「時制が自分の枠を越えてしまう」問題
現在完了進行形に行く前にちょっとだけ文法のまとめ

現在完了進行形の使い方 …… 214
現在完了進行形と現在完了形3の使い分け
現在完了進行形は超便利
肯定文の後に付くのはforかsinceが多い
「期間」を付けないと意味が変わる
そういえば、「最近」って現在進行形にもなかった??
ちょっと脱線して、英語学習のコツ

英文法二軍を念のため学んでおきましょう …… 223
なぞ深い過去完了形
英文法三軍代表、関係代名詞君!

前置詞などの覚え方 …… 230
前置詞は「前置詞句」で覚えましょう
よく使う前置詞句シリーズ
冠詞の基本的なパターン
英文法を「自分のものにする」とはこういうことです!

| 第5部 実践編 | **あとは外国人に話しかけるだけ！自分のことをすらすら話せるトピック作り** |

Lesson 1：自己紹介を作りましょう …… 243
初心者レベルの自己紹介
中級＆上級レベルの自己紹介
初心者レベルの自己紹介を作ってみましょう
中級＆上級レベルの自己紹介を作ってみましょう

Lesson 2：基本的な質問に答えられるようにしておきましょう …… 253
基本的な質問に答える2つのメリット
食事編
テレビ、映画、ドラマ編
音楽編
スポーツ編

Lesson 3：基本的な質問ができるようにしておきましょう …… 258
食事編
テレビ、映画、ドラマ編
音楽編
スポーツ編

Lesson 4：ちょっと長めに話せるネタを1つは用意しておきましょう …… 261
質問されているつもりでドンドン話すのが英語の話し方
エピソードを入れると会話がさらに潤う
最後は「締め文」「質問」「オチ」のどれかで締める

Lesson 5：because, but, so で説明を長くしてみましょう …… 269
作った文が合っているかわからないのですが

Lesson 6：Let's 音読! …… 273

Lesson 7：チラ見で音読! …… 274

Lesson 8：見ないで音読! …… 274

Lesson 9：話せるトピックをあと2つ用意しましょう …… 275

Lesson 10：さあ野郎ども！ 外国人を探しに行くぞ！ …… 276

　外国人と話す時に気をつけること
　英語レベルとトピック数の目安

あとがき ──3ヶ月後の貴女へ
**　　　　　（女性向け＝おっさんと男性陣は読まないように）** …… 282
**　　　──おっさんとか男性向け** …… 284

第1部

英語は続ければ
必ず上達します。
モチベーション
管理が
大切なのです！

英語の勉強で最も大事なこと

　英語を確実に身につける上で、最も大事なことをお教えします。

　それは、「英語の勉強を続けること」です！

　え？？？　それだけ？　そんなの当たり前じゃん！　そんなことわかってるよ。こっちはそんなことが聞きたいんじゃないよ！　もっとすごいテクニックとかノウハウとかネイティブしか知らない秘密が知りたいんだよ！

　とあなたは言うかもしれませんが、これだけは確実に言えます。

　あんたね、「そんなことわかってる」とか言ってるけど、ぜんぜん勉強してないでしょ！

　最後に 20 分以上英語を勉強したのはいつですか？　英語のCDをBGMにするのは「勉強」には入りません。英語の表現集をパラパラっとめくって見るだけも「勉強」には入りません。

　さあ、いつですか？？？

　最後に勉強したのが 1 週間以上も前の方は、残念ながら完全にアウトです！　最後に英語を勉強してから 1 週間以上空いてる場合は「勉強を続けている」ということにはなりません。

人は1週間前のことは簡単に忘れます。1週間前の今日、何をしていたか、思い出せませんよね。「何かしたっけな？」と思って手帳を開いて見ると、「あ！　高校時代の友人の結婚式に行ったんだ！」と思い出す人もいます。大事な高校時代の友人の結婚式だって1週間もすれば忘れてしまうのです。英語なんか、忘れて当然。

「勉強を続けている状態」というのは、最低1週間に一度はまともに英語に触れていることを指します。英語のCDをBGM代わりにしているとか、パラパラっと英語表現集を見ているのは、勉強には入りません！　時間は短くてもいいので、ちゃんとCDを聞いたり、英語表現集を真面目に読んだり、YouTubeで英語の動画レッスンを見たり、発音練習したりしていただかないと、勉強しているとはとても言えません。

　歴史のCDをBGM代わりにしたり、教科書をパラパラと見ているだけの受験生がいたら、あなたはどう思いますか？
「おいおい、キミ頭大丈夫か？　そんなんじゃ何も頭に入らないじゃないか！」と言いたくなりますよね。
　またはあなたのご友人が「資格取ろうと思ってるんだ」と言いながら、テキストのCDをBGM代わりにしたり、教科書をパラパラとしか見ていなかったら、「この人、本当に資格取りたいのかな？」とちょっと疑問に思いますよね。

　1週間も時間が空くと、人間は色々なことをキレイさっぱり忘れてしまいます。だから、もし最後に英語の勉強をしたのが1週間以上も前なら、残念ながら習ったこと、学んだことの大部分を忘れてしまっています。

実際、英会話教室に通っている方のほとんどは、1週間前のレッスンの内容を何となく覚えているか、ノートを見ても何となく思い出す程度にしか記憶に残っていません。それ以上空くと、何やったっけ？　となるのはもちろん、ノートを見返しても、「これ何だっけ？」ということになります。つまり、3歩進んで3歩下がってしまっているんです。

　習ったことを忘れない、あるいは何となく覚えている程度に保つためには、「英語の勉強を続ける」というのはとても大事なのです。英語を勉強する上での大前提と言えます。

「そうか。じゃあやっぱり1週間に一度も勉強できていない自分は英語には向いていないんだなあ」と思っているあなた、そんなことはありません！
　逆に考えてください。1週間に一度程度勉強していれば、英語は上達するんです。3歩進んで、2歩下がっても、1歩は進んでいます。3歩進んで、3歩戻ると、進みはゼロです。でも、3歩進んで、2歩下がると「＋1」です。ゼロはいくら足してもゼロのままですが、1は100回足せば100までたどり着きます！

　私が言いたいのは正にそれなんです！

　英語の勉強を、たま〜にちょっとやるぐらいではゼロを足しているだけ。だったら、ほんのちょっぴりの気合いを入れて「＋1」していきましょうよ。
　でもね〜、その「＋1」をする時間がなかったり、面倒だったりして、なんか知らないけど、できないんですよね〜。そして、そうこうしている内に上がったモチベーションも下がり、勉強す

る気もなくなっちゃうんですよね〜。

　そう思う方も多いでしょう。だから、第1部ではあなたが英語の勉強を続けられるようにモチベーションを管理する方法を教えます。

　英語は勉強を続ければ、必ず上達します。

　そして英語の勉強を続けるためには、モチベーションを管理する必要があります。モチベーションを管理する方法はいくつかありますが、その前にモチベーションの原理をお教えします。

■ たま〜にやってもゼロに戻るだけ

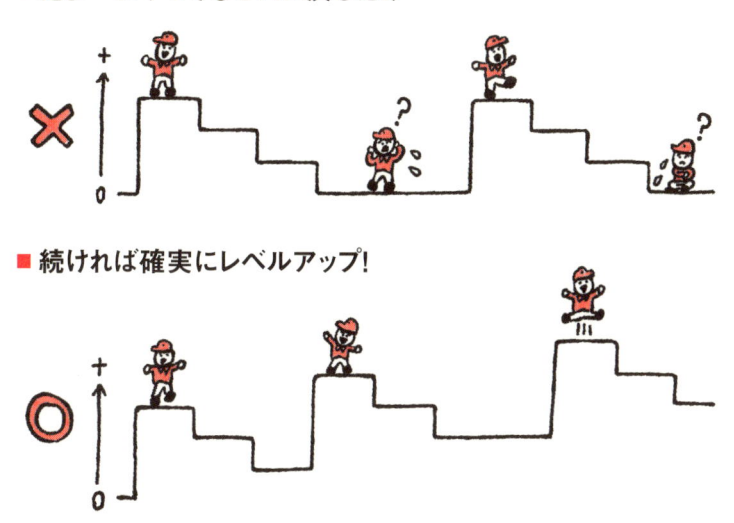

■ 続ければ確実にレベルアップ!

モチベーションは上下するものなんです

　モチベーションが上下してしまうという方からご相談を受けます。「私はモチベーションが上がったり、下がったりするのですが、どうすればいいですか？」と。

　まずこれを頭に叩き込んでください。あなただけではなく、私も含めて人間は誰でもモチベーションが上がったり、下がったりします。だから、モチベーションが下がって英語の勉強から遠ざかるのは、至って普通なことです。問題は、「そういう時にどうするか」なのです。

　英語勉強法って巷(ちまた)にわんさかありますが、実は大きく分けると2種類しか存在しません。「あなたに合った勉強法」と「あなたには合わない勉強法」です。さらに言うと、**「今のあなたの状態に合った勉強法」**と**「今のあなたの状態に合わない勉強法」**の2つしかありません。

　ここでミソになるのが、「今のあなたの状態」です。みなさんあまりこれを意識していません。なので、ほとんどの方が「最高の英語勉強法」を探します。

　しかし、誰にでも効果がある「最高の英語勉強法」なんてものは存在しません。「英会話教室」はもう100年以上の歴史があります。しかし、まだ誰にでも当てはまる最高の勉強法は見つかっていません。なぜだか、わかりますか？　そんなものないからです。

なぜそんなものがないのかを説明します。

とても良い英語勉強法も、モチベーションが上がっている時には効果的でも、モチベーションが下がっている時にはしんどかったりします。

逆もまたしかり。モチベーションが低い時になんとか勉強を続けるためにやっている勉強法は、モチベーションが高い時にやると簡単過ぎて、逆にモチベーションを失いかねません。

私がYouTubeでやっている「英語英会話一日一言 ©」の動画レッスンは、モチベーションが下がっている時に見ていただくと、英語学習に対するモチベーションが上がるとみなさんおっしゃいます。他方、すごくやる気になっている方からは「物足りない！」「もっと難しい英語を教えてほしい！」というご要望をたくさんいただきます。しかも、どちらも同じ方からのコメントだったりします。

ある人が、モチベーションの低い時に私の動画レッスンを見て、やる気になっていただける。でも同じ人のやる気がすごく上がっている時は、ちょっと物足りないと言ってくる。多くの方がこれを繰り返すわけです。

誰にでも当てはまる最高の英語勉強法は存在しません。しかも、あなたにとって「いつでも最高」の勉強法もありません。あなたのモチベーションは上がったり、下がったりするので、「その時々であなたに合うもの」しかないのです。だから、あなたに常に意識していただきたい勉強法は「今のあなたの状態」に合った勉強法です。

勉強法というのは、あなたの今の「レベル」はもちろん、今の「モチベーション」に合わせて変えなくてはいけません。
　この本が今までの英語勉強本と違うのはそこです。誰にでも当てはまる究極のすごい勉強法をお教えするのではなく、あなたのモチベーションの浮き沈みに合わせた勉強法をご紹介します。

　モチベーションが上がっている時はこれ、モチベーションが下がっている時はこれ、というふうに勉強法をあなたの「今の状態」に合わせていけば、英語の勉強は必ず続きます。そして続けられれば、必ず上達します！

我慢して1つの勉強法に固執する必要はない

　勉強法は、続く限りは1つの勉強法をやり続けた方がいいですが、続かない、やりたくない、と思うのであれば、1つの勉強法に固執する必要はありません。違う勉強法にスイッチしましょう。
　日本人の方は英語の勉強に関して、「苦痛は当たり前」「我慢した先に成功がある」と「我慢」や「苦痛」を美徳と考える節があります。
　私はそうは考えていません。英語学習を含めて「教育」というのは、自分のレベルが上がるもの、自分の生活をレベルアップさせるものだと考えています。それは決して「我慢」や「苦痛」の先にあるものではありません。楽しみながら、充実感を持ちながら学ぶことが「教育」「学習」の本分です。
　勉強していて、我慢や苦痛が「楽しい」と思えるのであればいいのですが、そうではない場合は、すぐに他の勉強法にスイッチしましょう。

その日のやる気で勉強法を変えましょう

　私の単発講座に参加された方に、たまにこう言われます。「私はコツコツやるのが苦手で、短時間で集中してやる方が向いているみたいです。今後も単発講座に参加させていただきます」
　同じ方に数ヶ月後に会うと、真逆のことを言っていることがあります。「最近は仕事が忙しく単発の講座に参加できないので、家でコツコツ勉強してます」

　逆パターンの方もいらっしゃいます。「私は毎日少しずつ、コツコツとやるタイプです」と言っていたのに、数ヶ月後には「コツコツ毎日勉強するのは苦手なので、今度は単発の講座に参加させてください」と言ってくる。

　人の性格はある意味、日々変わります。コツコツやりたい日もあれば、ガッツリやりたい日もある。言えるのは、その日の気分に合わせて勉強すれば英語の勉強は必ず続くということ。無理にコツコツやろうとしたり、無理にガッツリやろうとするから、英語の勉強が嫌になったり、面倒に感じたりして勉強をやめてしまうのです。
　その時の気分やモチベーションの具合で英語の勉強に対する感覚が変わるのは、決して悪いことではありません。すごく自然な生理現象です。そのモチベーションの具合いを無視して、同じことをしようとしたり、「最高の勉強法」を見つけようとする方が、不自然なことなのです。

英語のモチベーションを維持できない理由①

　英語の勉強を続けるモチベーションを維持できない理由は大きく分けて、2つあります。1つは「勉強したいけど、できない」状況にあるから。2つ目は「勉強しているけど、上達しない」と思っているから。

　まずは「勉強したいけど、できない」方の解決策を考えましょう。できない理由として、「物理的」に時間が取れない方もいれば、時間を取ろうと思えば取れなくもないけど、「精神的」に時間が取れない方もいます。

(A) 物理的に時間が取れない人は

　例えば朝8時から夜中の2時まで仕事をしている場合。確かに勉強をする時間がありませんよね。中には「午前8時以前や夜中の2時以降、通勤中などでも勉強できるじゃないか！」と言う方もいますが、正直なところ、朝8時から夜2時まで仕事をしていると、その前後や通勤中も仕事のことで頭がいっぱいだったり、その時ぐらいは頭を休めたいと考えます。
「スキマ時間」を利用して英語を勉強しようと思っても、そういう時まで無理矢理英語を勉強しようとすると、頭がおかしくなるか、英語が大嫌いになるので、逆効果です。そういう時に勉強をしても、効果はほとんどないので、やらないでください。音楽でも聞いてリラックスした方が、仕事の効率も上がります。

　そして土日、あるいはその他の休みの日に少し英語に触れるよにしてください。

ここで大事なのが、「勉強」はせずに「触れる」程度にしておくことです。

「勉強」と考えると、学習者は「結果」を求めます。例えば、英語表現を10個習ったとしましょう。そうすると生徒さんが求める結果は10個を覚えていること。8個しか覚えていないと、「ああ、8個しか覚えられなかった。2つも忘れてしまった」となり、学習に対するモチベーションが下がります。英語表現の数で言うなら、本当は「＋8」になっているのに、気分は「－2」となってしまいます。

しかし「いくつ覚えているか」ではなく、「触れること」を目的にしたら、覚えていなくても「目的」は達成しているので、英語に触れたという「結果」がちゃんとついてきます。

休みの日に少し英語に触れる程度にすると、1週間に一度もしっかりと勉強していない、勉強が続いているとは言えない状況になってしまいます。しかし、物理的に時間が取れない時というのは、「勉強すること」や「勉強を続けること」に対してそんなに神経質になることはありません。長い目で見れば、こういった時に無理に英語を勉強して、英語嫌いになるよりも、結果を求めず触れる程度にして、時間が取れる時に「英語」が目の前にある状況にしておいた方が得策です。

最も避けなければいけないのは、英語嫌いになること。

大事なのが、時間ができた時に「英語」が目の前にあること。

英語に触れていることが「普通の状態」であることです。そうすれば、英語の勉強に対するハードルが低くなります。

英語の勉強をスタートするのはすごくパワーが必要です。床に

座っている状態から立ち上がるのと一緒です。でも英語があることが普通の状態だと、椅子に浅く座っているような感覚になります。立ち上げるのにそれほどパワーがいりません。あとは、何らかの理由でモチベーションが上がった時に立ち上がればいいだけです。

　無理をして英語嫌いになってしまったら、時間ができた時に英語を勉強したいと思いますか？　思わないでしょうね。だから英語嫌いになることは避けなければいけません。

　定期的に英語に触れている場合は、時間ができれば、「英語に触れる時間を増やす」という選択肢が出てきます。だから、物理的に時間が取れない時には**「結果を求めず、英語に触れる程度」**で良いのです。

　実際にこういったアドバイスを何人かにしてみました。「結果を求めないで、英語に触れる程度にする」と、みなさんの状況に面白い変化が現れました。

　私の動画レッスンは比較的ハードルを低く設定しているので、まずはそれを週1回程度見ていただいておりました。でもそのうち、仕事で忙しいのは変わらないのですが、週1回ではなく、毎日のように、しかも何本も動画レッスンを見るようになったのです。

　実は今までの英語学習では「学んだものを効率的に覚えていないといけない」というプレッシャーの中、みなさん勉強されていました。そのため英語のハードルをとても高く感じていました。

　しかし「結果」を求めないと決めると、そのプレッシャーがなくなり、私の動画レッスンを見たり、英語の表現集を読んだりすることが「勉強」ではなく、「良い気分転換」になっていったそ

うです。

　仕事で忙しいけど、動画レッスンを見ると、リラックスできる、なんかホッとする。ありがたいことにそういうご意見をたくさん頂戴しました。以前は「英語」が疲れている自分をさらに疲れさせるものだったのが、疲れている自分への癒やし、気分転換になったのです。

　私の動画レッスンである必要はありません。楽しめるものをぜひ選んでください。

(B) 精神的に時間が取れない人は

　英語学習をされている方の中には、物理的には時間が取れるんだけど、「精神的」に時間が取れない方もいらっしゃいます。

　先ほどの例では朝8時から夜中の2時という設定でしたが、これを朝11時から夕方5時までという若干ゆるい設定にしてみましょう。

　朝から夕方まで仕事又は家事をして（家事の場合、午前11時に始まり、5時に終わるということはないでしょうが、一応そういう設定で進めさせてください）、その後食事をして、お風呂に入って、ちょっとリラックスすると、ゆうに午後8時、9時になります。寝るまでに1時間、2時間は時間が確実にあるとは言っても、そこから英語の勉強をしようとするのは、あまり気持ちがのらないこともあると思います。そして勉強すればいいのに、テレビを見てしまう。そしてテレビを見た後に、テレビを見たことを後悔する。テレビを見る代わりに勉強すればよかった、と。

　そもそも、なぜこういう時にテレビを見てしまうのでしょう？

　それは、日中は自分がやらないといけない「義務」をこなしていて、一通り義務をこなした後は、自分のために時間を使いたく

なるからです。確かに英語の勉強は自分がやりたいことではあるのですが、どこかのポイントで英語の勉強を自分自身に「義務化」してしまう方が大変多いです。だから、英語を勉強しなければいけないのはわかっているけど、テレビを見てしまうわけです。

　そういう方におすすめなのが、**「ながら学習」**。
　何かをしながら英語を勉強することです。

　例えば、自分が大好きなスイーツを食べ・ながら英語の勉強をする。勉強したご褒美に好きなスイーツを食べよう！　と考える方は多いのですが、そうなると勉強がおろそかになります。とりあえずてきとうに終わらせてスイーツ食べよう、と思ったり、勉強中も常にスイーツのことを考えてしまったりして、頭の中は英語よりもスイーツ願望でいっぱいです。

　食べながらだと、逆に願望が満たされているので「嬉しい」という気持ちを抱きながら勉強できます。これを続けていれば、「英語」＝「嬉しい」と常に感じるようになるかもしれません。しかも、英語を勉強するためにスイーツを食べるという自分への最高の言い訳というおまけ付きです。「別にスイーツが食べたいわけじゃないけど、イムランがスイーツを食べながら勉強しろと言っていたからやっているだけ。でも、まあそこまで言われたら、ほら英語勉強しなきゃいけないしさ。まあしょうがなく食べちゃってるわけ」と自分に言い聞かせてください。

　テレビを見ながら・勉強というのもアリです。大してテレビを見たいわけでもないのに、つい見ちゃいますよね。私はしょっちゅうです！　そういう時はテレビを見ながら勉強しましょう。英語をまったく勉強しないよりは100倍いいですし、意識がテレビ

から英語の勉強に移ってしまう確率がけっこう高いのです。

　私はテレビを見ながら仕事をしていると、いつの間にか、集中できないからという理由でテレビを消します。そして仕事に集中します。10回に1回でもテレビを消して勉強に集中できれば儲けもん！　というぐらいの気持ちでテレビを見ながら勉強してみてください。

モチベーションが「上がる」「下がる」はどういう状態か

　普段の会話で、私たちは「モチベーションが上がる」とか「モチベーションが下がる」と言います。実はこれは言葉のあやというか、正確な言い方ではありません。

　モチベーションには2つの性質があります。

> ❶ なんらかの「きっかけ」という刺激があって上がるもので、ある時、突然何の脈絡もなく上がるものではない
> ❷ 一度上がったモチベーションというのは、時間が経つと自然と下がる

　モチベーションは何もしなくても、何もなくても、時間が経つにつれて自動的に下がってきます。それはボールを天高く投げて、勝手に落ちてくるのとまったく一緒です。

　しかし、みなさんはそう認識されていないと思います。モチベーションは自分の性格の一部だと思っているので、モチベーションが下がると自分のせいにします。自分がやる気のない人間だから、自分が根性のない人間だからモチベーションが下がると。でもそれは大きな勘違いです！　性格とモチベーションには何の因果関

係もありません！

　モチベーションが長続きする人は、何らかの理由によってモチベーションが上がる「きっかけ」に多く触れているのです。モチベーションが長続きしない方は、モチベーションが上がる「きっかけ」に触れる機会が少ないのです。たったそれだけの理由です。

　ということは、モチベーションを高く維持するためには、そして下がったモチベーションを上げるためには、**モチベーションが上がる「きっかけ」にたくさん触れればいいだけです。**

　モチベーションを上げるきっかけとして、簡単なのが例えば、英語の映画を観ること。画面の下に出た日本語字幕を見てあなたはどう思いますか？「おお！　やった字幕だ！　字幕さえあれば、英語なんか話せなくても良い！　字幕万歳！」とはいきませんよね。字幕は便利だけど、できれば字幕なしで映画を観られるようになりたい。そう思いますよね。そうなると、大抵モチベーションが上がります。

　また映画館で英語の映画を観て、周りに外国人がいた場合、彼らの笑うタイミングが自分とは違うことがあります。そういう時、あなたは何て思いますか？「笑うタイミング違うでしょ！」とか思わないですよね。自分もあの外国人たちと同じタイミングで笑いたい！　そう思うはずです。そう思うとモチベーションが上がります。

　英語の映画を観ることはモチベーションを上げる手っ取り早い「きっかけ」になります。

　映画に限らず、好きな俳優や女優の英語でのインタビューや『ハーバード白熱教室』『スーパープレゼンテーション』のような英語での講義番組なども良い刺激になるはずです。

外国人のご友人に会ったり、外国人がいるイベントに参加するのも良い方法です。そういう状況ですと、うまく話せたと思っても後々、「ああ、あそこでこう言えばよかった」「あそこでもっともっとこういう話もできたのに」と思い、もっとスラスラ話したい！という気持ちになります。

　逆に会話にうまく入れない、取り残されてしまったという場合でも、モチベーションが上がります。あの時は話せなかったけど、英語を勉強してまたあの会にリベンジだ！　と思えます。中には、もうあんな気持ちになるのは嫌だから、英語の勉強がんばるぞ！　と思う方もいるかもしれません。どちらにせよ、ほぼ確実にモチベーションが上がります。

■ モチベーションが長続きする人は「きっかけ」にたくさん触れている

英語のモチベーションを維持できない理由②

　モチベーションを維持できない理由の2つ目は、**「勉強しているけど上達していないと思っている」**ことです。
　英語学習者でこういった方は大変多いです。上達していないと思っているからモチベーションが上がらない、そして勉強を中断したり、勉強したりしなかったりが続いているという状況です。
　上達していないと思っている方は大体以下の3つのどれかに当てはまります。

（A）上達しているけど、上達を実感できていない
（B）目標を見失っている
（C）勉強内容と英語学習の目的が合っていない

（A）上達を実感できていないだけではありませんか？

「もうずいぶん英会話教室に通っているけど、ぜんぜん上達しません」という方はけっこういます。私の英会話教室でも当然いらっしゃいます。
　そういう方に、「今の英語力はどれくらいですか？」と聞くと、「大体言いたいことは言えるのですが、自分が言いたいことが的確に伝えられません」とお答えになります。
　「入会の時のレベルはどれくらいでしたか？」と聞くと、「入会当初は先生の言っていることもほとんどわからず、たまに出てくる単語しかわかりませんでした」と返ってきます。

そう、明らかに上達しているんですね。でも本人は入会当初から大して上達していないと思っていて、それゆえにモチベーションが下がっている。要は勘違いして自分で自分のモチベーションを下げているんです。

　これは本当によくある話です。あなたも身に覚えがあるのではないでしょうか？
　なぜこんなことが起こるかというと、生徒さんが**自分も気がつかない内に英語の目標をレベルアップしてしまっている**からです。
　入会当初に掲げていた目標は「半年で簡単な受け答えができるようになれば良い」だったのが、入会4ヶ月目ぐらいになると、「言いたいことがスムーズに言えません」という悩みを抱えます。いつの間にか、「言いたいことが何でもスラスラ言える」という目標にすり替わっています。

　当初、6ヶ月後に据えていた目標を4ヶ月でクリアできたことは完全に忘れていて、4ヶ月経った今、「普通にスラスラ話せていない」自分に嫌気がさして、モチベーションが下がっているというわけです。

　こういう時は、あなた自身の当初の英語力を思い出せばいいのです。あの、今よりもはるかにできなかった時のことを思い出してください。そうすると、上達しているのがわかるので、モチベーションが上がります。
　上達具合というのは「話せ具合」で判断することが多いです。でも、独学されている方の場合は、英会話教室に通っている方と比べると、大抵外国人と話す機会もあまりないので、上達してい

るかどうかを測るのが難しくなります。

そこで重要な指標が「勉強時間」です。

今月は何時間ぐらい勉強しているのか。今年は何時間ぐらい勉強したか。今までに何時間程度英語を勉強しているのか。それを数字で見ると、ご自身が英語を勉強しているという事実が確認できます。

勉強時間を確認すると、その結果は3つに分かれます。

1) 自分が意外と勉強していることがわかる。けっこう勉強している割には上達している感がない
2) 自分が意外と勉強していることがわかり、それだけでモチベーションが上がる
3) 自分が実際はほとんど勉強していないことがわかる。そもそも上達するはずがないことを確認できる

このように、勉強時間を確認するだけで現状把握ができます。そして、それ以外は判断の軸がありません。独学されている方はぜひ「勉強時間」を数えてみてください。

(B) 目標を見失っていませんか?

勉強はしているけど、上達を実感できずにモチベーションが下がってしまう方の中には、目標を見失ってしまったために、モチベーションが下がっている方もいらっしゃいます。

こういう方は大抵、**自分にとってはそれほど大事ではないことを目標にしていたり、いつの間にか漠然とした目標にすり替わっていたりします。**

以前、こういう生徒さんがいらっしゃいました。その方は日本の自宅をホームステイ先として、ニュージーランド人の学生を迎え入れました。その時はそれほど英語が話せなかったので、あまり話ができなかったそうです。学生が帰国してから、次に会う時はもっと話せるようになって、もっと名所の案内などもしたいと思ったそうです。そしてモチベーションが上がり、いざ英語の勉強を始めました。いつか、また会った時にはもっとペラペラになって驚かせてやる！　と思ったそうです。そういう状態で英語を勉強すると勉強が楽しくてしょうがなくなります。

　しかし、月日が流れ、いつしか英語が大して面白くなくなったそうです。とりあえずスラスラ話せるようになればいいかな、とか字幕なしで映画が観たいな〜とか、そういう一般的な目標に変わってしまいました。英語の勉強は続けているけど、モチベーションが上がらない。
　こんな状態の時にたまたま私の講座にご参加いただきました。その際に、英語学習のきっかけを思い出すエクササイズをやりました。そうするとその生徒さんは当初の英語に対する気持ちを思い出し、目標と自分が英語を勉強する意義を思い出すことができました。そしてまた英語が好きになったのです。

　英語の勉強を始めるのには、相当なエネルギーが必要です。何事もそうですが、新しいことを始める際、ゼロから1に移行する際には、すごいエネルギーが必要です。
　一度英語の勉強を始めた方は、最低一回はこのエネルギーを爆発させているのです。その時の気持ちを思い出せば、もう一度そのエネルギーを爆発させてモチベーションを上げることができます。

あなたも英語を学ぼうと思ったきっかけを思い出してみてください。そうすれば、モチベーションが戻るはずです！

(C) 当初の目標と勉強内容は合っていますか？

　勉強をしているけどモチベーションが下がる、という方の中には、当初の目標と勉強内容が合っていないという方もけっこういます。

　顕著なのが、ビジネスで英語を使いたい！　と思い英語の勉強を始めた方。初心者か初級者の場合、ビジネス英語とはいえ、最初は日常会話からしっかりと身につけましょう、と言われることが多いです。そうすると最初は日常会話の練習が多くなります。

　例えば、先生に週末の話を聞かれる。そこで映画を観に行った話をして、どんな映画が好きか、最近はどんな映画を観たかという話に進む。そして一番好きな映画は何か、おすすめの映画はないかと聞かれて話は進みます。

　最初はいいのですが、5、6回目で大抵の方は、「なんで俺（私）は毎週のようにこの外国人に週末の話を報告しなければいけないんだろう。ビジネス英語を習得してバリバリ英語を話すはずだったのに、映画の話とか散歩の話とかどうでもいいんだよ！」と思い悩みます。お金まで払って、他愛ない話しかしない自分が情けなくなり、他愛ない質問ばかりしてくる、わけのわからない外国人に腹が立ってくるわけです。

　こういった場合にモチベーションが下がる理由は、**「自分がやりたい内容」と「自分がやっている内容」にギャップがあるからです。**

こういうシチュエーションでは、生徒さんの方から先生に対して「自分のレベルはまだ低いから基本的な日常会話から始めたい」と言っている場合が多いです。

　でも実際にレッスンが始まって、何度かレッスンを受けている内に、そうは言ったけど、目標としている会話とレッスン内容にあまりにも開きがあるため、「なんか違うんだよな〜」という気持ちが出てきます。自分で言ったからこういう内容になっているのですが、だからといってビジネス英会話をメインにすると自分には難しすぎるだろうし、基本もできていないのにビジネス英会話をやりたいとか言ったら、「何を言ってるんだ！」とか言われそうだし、と色々な思いが頭をよぎります。そして次第にモチベーションが下がる。

　ではどうすれば良いか。

ビジネス英会話がやりたければ、ビジネス英会話をメインに勉強した方がいいです。

　ビジネス英会話をメインにすると、どうしても内容が若干難しいと感じられますし、単語も文も難しくなります。そして全体的に堅い感じの内容が多くなります。そうすると、たまにやる日常会話の練習がとても新鮮な息抜きとなり、逆に楽しくなります。「もっと映画について聞いてくれないかな？」と思ったり、「こういう他愛もない話がけっこう重要だったりするんだよね」とか思ったりします。そして、全体としてモチベーションが上がります。

　ずっとビジネス英会話だけをやっていると、それはそれでレッスンが単調に感じられ、モチベーションが下がる原因になります。

どんな勉強でもそうですが、単調になるとモチベーションが下がります。モチベーションが下がると色々な面から学習効率が悪くなります。まず、眠くなる。さらに、次回へのモチベーションが上がりません。
　逆に頻繁に「新しいこと」があったり、変化があると、次への期待も大きくなりモチベーションが高まります。

　モチベーションが上がっている時と下がっている時の学習意欲もまったく違います。モチベーションが上がっているともっと学びたい！　と思います。1時間のレッスンが終わると「えー、もう終わり？」と思います。
　モチベーションが下がっている時は「レッスン早く終わらないかな」とレッスン中に何度も時計を見てしまいます。

　モチベーションの管理というのは難しいところがあるのですが、基本的には学びたい内容をメインにし、たまにサブ的な内容を学んでみるというのが、長い目で見て学習効率が良くなる勉強法です。
　まずはあなたが何を学びたいのか、それをはっきりさせましょう！

モチベーションを上げる3つの方法

　モチベーションを上げる方法はいくつかあります。前述した「映画を観る」というのは手っ取り早くできます。それ以外にも精神的な側面から、より本質的にモチベーションを上げる方法があるので、ご紹介します。

（1）モチベーションを数値化する

　モチベーションは「上がる」「下がる」という言葉で表すことが多いですが、これは所詮感覚なので、あてになりません。上がったのはわかるけど、この前ほどは上がっていないとか、ちょっと下がったけど、下がり切ってはいないとか。

　しかしモチベーションを数値化すると、目で見て管理できるので、モチベーションが下がった場合に対応しやすくなります。

　例えば、今の英語の勉強に対するあなたのモチベーションを0点から10点で言うと、5点だとしましょう。5点ということは、＋1すると6点になります。では何をしたら＋1になるのか。

　どんなことでもいいです。今、目の前にスイーツがあれば＋1になるとか、スタバに行って勉強すればちょっとテンションが上がるので＋1になるとか。何でもいいので、＋1になるようなことを考えてみてください。そしてそれを1つずつ実践していけば、モチベーションを高めることができます。

　では早速、イムランの英語モチベーション・エクササイズをやってみましょう！

STEP-1

あなたの今のモチベーションは0点から10点の間で表すとどれくらいですか?
直感で答えてください。それを下の箱に書いてください。

今のモチベーションの数字: ［　　／10　］

STEP-2

今の状況から何が少しでも変わればモチベーションが1点上がりますか?

これが変わるとモチベーションが1点上がること（複数回答可）:

-
-
-

STEP-3

実行しましょう。

ステップ2を考える時に注意していただきたいことがあります。それは7、8点ぐらいで満足すること。何としてでも10点まで持っていこうとする必要はありません。モチベーションは7、8点ぐらいあればほとんどの方は勉強を始めることができます。
　そして0点や1点など、元々のモチベーションが低い方の場合には、1日1、2点ずつ上げてください。4日目ぐらいに7点、8点ぐらいになるので、そこで勉強を始めてください。

(2) 英語上達の「学習曲線」を理解する

　学習曲線をご存じですか？　こういうやつです。

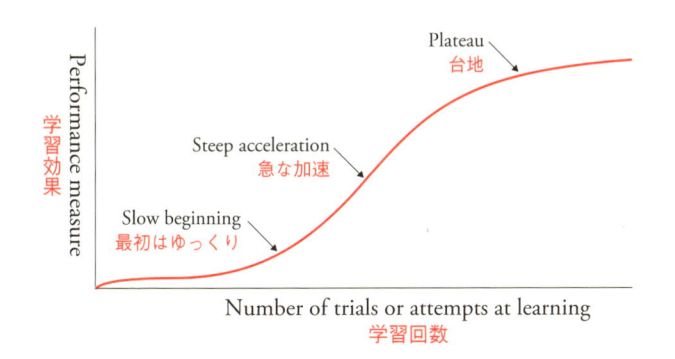

```
Performance measure (学習効果)
                                    Plateau
                                    台地
                  Steep acceleration
                  急な加速
       Slow beginning
       最初はゆっくり

       Number of trials or attempts at learning
                    学習回数
```

　英語の場合、横軸は時間、縦軸が英語力です。
　勉強し始めの初期段階というのは全てが新しいので、学ぶことがすごく多いのです。しかし学んでいることの多くを点でしか把握できておらず、線としてつながってきません。

　例えば、「I've never been to New York.」（ニューヨークに行ったことがありません。）という文を私の本で学ぶとします。日本語の解説があるので意味はわかりますよね。文の意味はわかると

思いますが、ではこの文の前後にはどういう会話がされているかすぐに想像できますか？

　1文程度はできるかもしれませんが、それがどういう会話、どういうトピックの時に話されるか明確には想像できないと思います。想像できないのは、まだ英語の点が線としてつながっていないからです。

　つまり表現はたくさん覚えているけど、ランダムなものが多いので、それを会話で活かしきれていないのです。これもまた勉強しているけど、話せない理由の1つです。

　初期段階では「英語力」「英会話力」はそれほど高くありません。時間が経ち、中期段階に入ってくると、今まで学んだことがお互いに結びつき始めます。そして英語力がグンっと上がります。

　日本語に置き換えると、さらにご理解いただけるかもしれません。あなたは外国人に日本語を教えている日本語の先生だとしましょう。そして日本語を学び始めた外国人に漢字を教えるとします。「親」という漢字を初期段階で教えると、難しすぎてまったく書けるようになりません。いくら、「親」という漢字は「立つ」、「木」、「見る」の3つの漢字から成り立っているんですよ、と教えても、それぞれの漢字を初めて見る外国人には、この3つの漢字自体難しいため、「親」という漢字がすごく難しい漢字に思えて仕方がありません。

　しかし、「立つ」、「木」、「見る」を習ったことがある、学習の中期段階の外国人に「親」という漢字を教えるとなると、話は変わってきますよね。外国人の生徒さんとしても「え？　この3つの漢字をくっつけると新しい漢字が作れるのですか？？？」と驚くかもしれません。

　これが「点」が「線」としてつながる瞬間です。

英語でもまったく同じことが言えます。

最初は点を学んでいるのですが、単語や英語表現のストックが徐々に増えてくると、線として理解できるようになります。

多くの英語学習者は初期段階で点と点が結びつかずに英語の勉強をやめてしまいます。あと1ヶ月続けていれば線でつながるのに、やめてしまうのです。

みなさんはそんなもったいないことをしないためにも、ご自分の上達はこの学習曲線に従って変化していくということを頭の片隅に置いておいてください。

(3) ガケ思考をやめる

英語を勉強している方の大半は「今すぐ英語がペラペラになりたい！」と思っています。「今すぐ」とは言わなくても、できるだけ早く、できれば数ヶ月以内に英語がペラペラになりたい！と思っています。そう思うのは悪いことではないのですが、こういう思考をお持ちの方は大抵、自分で自分を苦しめることになります。

特に顕著なのが、会社から英語学習命令を出された方です。できるだけ早く英語をマスターしたいという気持ちは素晴らしいのですが、こういう方は大抵、他の方より何倍もの時間をかけて勉強することになります。

目の前にガケとゆるやかな階段があるとします。ガケは10メートルほどの高さ。階段も同じ程度の高さではあるのですが、とにかくゆるやかで頂上が見えない。

「ガケ思考」の方というのは、「こんなゆるかな階段なんか上ってられないよ！　今すぐ頂上に到着しなきゃいけなんだから！」と思っています。だから直線距離の短いガケを登ります。でも、

『ミッション・インポッシブル2』のトム・クルーズでもない限り、素人がガケを登ることなんてできません。

　でもガケ思考の方はとにかく最短距離で行こうとします。すると何日、何ヶ月、何年経っても登れません。

　一方、「階段思考」の方はどうですか？　「ガケなんか登れないから、階段で行くわ。時間かかるけど、ガケは無理だもん」

　そして階段を上っていくと頂上に着きます。

　ガケ思考の方は頂上にたどり着かない。階段思考の方は頂上にたどり着く。

　これは英語学習者にそのまま当てはまります。英語学習者にはガケ思考の方がとても多いです。「悠長に階段なんか上っていられない」というスタンスなのですが、頂上にたどり着くには相当なロック・クライミングのスキルが必要であることに気がついていません。

　英語学習で言うと、このスキルというのはストイックさ、理解力の高さなどです。めちゃくちゃストイックで何事も1回の説明でスパスパ理解できて覚えてしまう人であれば、英語学習のガケを登って短時間で英語をマスターできるのですが、そうじゃない場合はガケを登るのは得策ではありません。

　ゆるやかだけど、確実に頂上に着く階段の方がはるかに早く頂上に着きます。なぜ「はるかに早く」なのかというと、「ガケ思考」の方は頂上に着かない可能性が高いからです。

「ガケ思考」と「階段思考」で、もう1つ違うのは、「ガケ思考」の人は常に焦っていて、「階段思考」の人は温和な気持ちで勉強していることです。要は「ストレス値」がまったく違います。

人間は基本的にリラックスした状態、または良い意味でのストレスや緊張感がある状態の時に学習効果が高まりますが、すごくストレスがかかっている場合には学習効果は落ちます。

　中には極限状態だと120%の力が出る方もいますが、英語学習で極限状態というのもなかなかないので、キン肉マンのように火事場のクソ力でも使えない限り120%の力を出すことはないでしょう。

　ほとんどの方は「階段思考」で英語を勉強していただくと、リラックスして学べるので学習効率がとても上がります。階段思考で必要なのが、1つ1つの段を設定することですが、これはまた後々にお話しますので、少々お待ちください。

結果は4ヶ月後に見えてくる

　英語学習者は軒並み結果を求めるのが早いです。結果が見えてくるのは大体4ヶ月目からです。

　でも、中には1ヶ月も経たない内に英語が上達しないと相談しに来る方もいます。気持ちはわかります。たとえ1ヶ月だとしても、何らかの違いを感じたいし、自分が正しい方向に進んでいるかを知りたいですよね。でも、それが正しくわかるのが、4ヶ月後なんです。4ヶ月経たないとご本人が分かるぐらいのレベルの差は出てきません。

　4ヶ月は長いと感じると思います。しかしあなたが今までに英語を勉強しようと思ってしなかった期間を考えてみてください。何年ぐらいですか？　それと比べたら4ヶ月なんて屁のカッパでしょ？　そう考えて気長に待っててください！

無性に勉強したくなる3つの方法

(1) やる気のある時だけ、集中してやる

　疲れている時、忙しい時、気分がのらない時期には英語の勉強はしなくていいです。ただ触れている程度にしてください。そういう時期でもたまに無性に勉強したいと思う瞬間があると思います。そういう瞬間が訪れた時には意識を集中して勉強しちゃってください。

　例えば、電車で近くに外国人達がいて、彼らが会話中にあなたが知っている単語を使っているのを聞いて、何となく英語勉強モードになる、ということもあるかもしれません。ほんの一瞬かもしれませんが、英語が勉強したくなるかもしれません。

　そういう瞬間を逃さずに勉強してください。そうすると、意外と集中できたりします。

　人の気分や機嫌は日々どころか毎時間変わります。まったくやる気がなくても、急に勉強したくなることもあります。そういう時にはとにかく勉強してみてください。そして英語に常に触れていれば、目の前にあるものに対して「これをやるぞ！」と思えるはずです！

(2) とりあえず机に向かう

　私はよくあるのですがあなたはいかがですか？　何となくやる気にならないけど、始めると止まらなくなるという不思議な現象。この本を書いている今だって、実はちょっと面倒だな、と思ったりします。でもデスクに座って書き始めると、もう止まりません。

そして書きたいことが後から後からドンドン出てくるので、それを別のノートに書き留めています。

　人間は不思議なもので、色々と変な習性があります。やればいいのに、やらない。でも始めると止まらない。これもそんな習性の１つです。なので、ちょっと気持ちがノってきたら、あるいはノっていなくても、とりあえず机に向かっちゃってください！

　英語の勉強においては勉強の質も大事ですが、それよりも、**勉強する頻度がとても大事**です。時間は短くても頻繁に勉強していると勉強と勉強の間隔が短いので、前に学んだものを忘れにくくなります。なので短くてもいいので、この方法で勉強の頻度を増やしてください。

(3) 英語を勉強しようと思った個人的なきっかけを思い出す

　私の生徒さんにA.W.さんという方がいらっしゃいます。この方が英語の勉強を決めたのにはすごく個人的な理由があります。

　一度、会社の社員旅行でハワイに行き、ある夜他の社員と食事会をしていたら、レストランのスタッフに怒られたそうです。そのスタッフの怒りの矛先は、社員の中で唯一英語が話せ、そしてまったくうるさくしていないMさんに向けられました。A.W.さんはその時、ほとんど英語が話せないためにMさんを助けることができず、Mさんは泣いてしまいました。楽しいはずの食事会が一瞬にしてテンションの下がる食事会になってしまったのです。

　A.W.さんはその時、英語を学ぶことを決意しました。

　英語学習のきっかけは個人的であればあるほどパワーがあります。その状況を思い出すだけで机に向かえる、英会話教室に足が向く。何か個人的なきっかけがある方は、ぜひそれを常に意識してください。

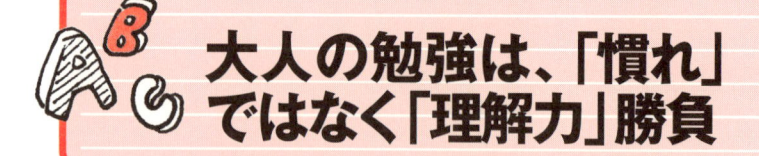

大人の勉強は、「慣れ」ではなく「理解力」勝負

　よく「英語は慣れ」と言われます。日本の諺にも「習うより慣れよ」というものがあります。英語学習に関して言うと、これは子供には当てはまりますが、大人には当てはまりません。

　子供が英語を習得する際には英語をたくさん聞いて、「慣れる」という方法は悪くはないのですが、大人がこれをやると学習効率が極めて悪く、またモチベーションが下がる可能性が高まります。「慣れ」というのは、たくさん英語を聞いて、たくさん話して、英語に慣れてください、という理屈なのですが、大人は子供と違い学習時間が限られています。その限られた時間の中で子供と同じようにやっていても結果はなかなか出ません。

　そしてそもそも、大人と子供だと「理解力」がまったく違い、大人の方が圧倒的に理解力が高いので、それを無視した「慣れ」一辺倒の学習はナンセンスです。

　何事も学習というのは、次のステップに従って進んでいきます。

（1）理解
（2）練習
（3）実践
（4）習得

　自動車の運転もそうです。まずは学科で学び、ある程度学んだらそれをベースに練習をする。そして練習を繰り返して慣れてき

たら、実践する。そして実践していると習得できます。学科なしで、教官による車のスイッチ等の説明もなく、運転の仕方の説明を求めても「やればわかるから」「使ってれば慣れてきて、何がなんだかわかるから」と言われたら、ちょっと不安ですよね。「別に教えてくれたっていいじゃん。減るもんじゃないし」って思いませんか。

　子供はいいんですよ、とりあえずやってみるで。でも大人はせっかく「理解力」というものがあるんだから、それを使って英語の勉強をすればいいのです。

　面白い例をお教えします。文法の例でいうと、be going to と will の違いを子供と大人に教えると、こんなことが起こります。
　みなさん学校では be going to と will はどちらも一緒と習った方もいれば、be going to の方が確実性が高いと習った方もいると思います。そして逆パターンの will の方が確実性が高いと習った方もいらっしゃるでしょう。教科書によって説明が違いますが、大体この3パターンに分かれます。

　実際はどう使い分けるかというと、

> 「決まっている予定」の場合は be going to を使い、
> 「今決めたこと」の場合は「will」を使います。

　週末の予定を聞かれて、買い物に行く予定が決まっている場合は「I'm going to go shopping.」と言います。
　「will」を使って「I'll go shopping.」と言うと、「今決めた」感があります。どういうシチュエーションが考えられるかというと、例えば仲間4人で集まって、映画に行こうとしたら、映画がも

う終了しています。どうしようかと話していて、じゃあもう解散して、各自したいことしようか、となった時に、「じゃあ、私買い物行こうかな」と言う場合に「will」を使うわけです。

「will」は、今決めたことや今思いついたことを言う時に使います。このシチュエーションで「be going to」を使うと「決まっている予定」、つまり「前々から決まっている予定」に聞こえるので、「私は買い物に行くの」と言っているように聞こえます。「え？だって映画を観に行くって言って集まったじゃん?!」と、少し違和感があります。

「じゃあ、私買い物に行こうかな」だったら違和感ないですけどね。

大人だとこの説明で「be going to」と「will」が同じ感覚では使えないということをわかってもらえます。

でも、子供にこの説明をすると、「別に言うこともあるんじゃない？」みたいなことを言います。「どっちでもいいじゃん」と言ってきたりもします。子供はこの2つの日本語の違いを、そこまで理解できていないんです。

ポイントはここです。大人に「be going to」と「will」の違いを説明するとわかってもらえるので、すぐに使い方の練習ができます。でも、多くの英語学習者は英語は使っていく内に慣れるものだ、と思ってしまっているので、せっかくの「理解力」を使わずに勉強しています。

そうすると、「be going」と「will」の違いは「そのうち」理解することになります。日本語で説明しちゃえば、今、たったの2〜3分で理解してもらえるのに、「そのうち」理解すればいいということになるんです。

これは恐ろしく効率が悪い、というか、遠回りだと思いませんか。理解するのではなく、先に使え、ということなんです。これはもうナンセンス以外の何ものでもありません。

　実際、英語オンリーの英会話教室に通っていた生徒さんの多くは2年通ったけど、結局「be going to」と「will」の違いはよくわからなかった、とおっしゃいます。3分VS2年。どちらが良いですか？

　話を戻すと、大人は理解力があるので、子供のように英語を覚えるのではなく、大人として英語を覚えるべきなのです。大人のみなさん、これからは暗記力に頼るのではなく、理解力で勝負しましょう！

英語が上達しやすい人の共通点

(1) 習ったら、使う！

　英語はちょっとしたことで、上達するかしないかの大きな違いが生まれます。上達が早い方の多くは、習った英語をすぐに使います。私の英会話スクールの上級クラスや中級クラスの方の多くは、お教えした英語を2分以内に使います。

　何度か上級クラスを教えた時に、生徒さんが、そのレッスンで出てきた表現をすぐに使っているのを目の当たりにし本当に驚きました。習った英語に対する意識がすごく高いのです。

　それができているのであれば、どこに行っても、何をやっても上達するんです。入ってきたものを使おうという意識が強いから。

(2) だまってやる

　上達する人は「これをやってください」と何かしらの課題を出すと、だまってやり始めます。もちろん質問があれば聞きますが、それ以外は黙々とその課題に取り組みます。

　なかなか上達しない方というのは大抵の場合、課題を出してから1、2分経つと隣の人としゃべったり、課題タイム残り1分になって、「結局何をすればいいんですか？」と聞いてきたりします。聞くことは悪いことではありません。もしかすると、私の説明がわかりにくかったのかもしれませんからね。

　何が悪いかと言うと、終了1分前になってから聞くという姿勢です。課題がわからないのであれば、どうせ聞くことになるんだから、最初に聞いちゃえばいいんですよ。

中には、1人でやる課題を出しても「何も思いつかない」と言う方がいます。こういう方も「あんまり思いつかないんですけど」と先生に早めに聞いた方がいいです。そういう場合は大体その方が難しく考え過ぎている場合が多いので、初めの方に聞いてしまえば難しく考える必要はなくなります。

(3) ひたすら反復する

　生徒さんの中にはやたら反復練習をする方もいます。こういう方は確実に上達します。漢字の練習と一緒で、英語の表現は何度も書いたり、言ったりすると覚えられます。車通勤の方で、車でひたすらCDを聞きながら反復しているという方もたくさんいらっしゃいます。

　反復は面倒な反面、効果は絶大です。

　独学されている方も英会話教室に通っている方も、英語を話す機会は限られています。独学されている方であれば特に、英語を実際に使う頻度はそれほど高くないでしょう。そういう方はいくら英語の表現を覚えても言い慣れていないので、必要な時にその英語が出てきません。

　英会話教室に通っていて、1週間に1、2回のレッスンを受けている方も相対的には英語を使う機会が少ないため、英語を話すこと自体に慣れていません。

　反復していると、同じことを何度も言っているだけではありますが、まず英語を言うことに慣れることができます。そして反復することによって記憶に残りやすくなります。

　英語を確実にレベルアップさせたい方は、とにかく反復です！

(4) 次回のレッスンで話すことを常に考えている

　次回のレッスンに限らないのですが、わかっていただきやすいので、「次回のレッスン」にしました。週に1回のレッスンを受けている方の多くは、レッスンとレッスンの間にあまり英語のことを考えていません。こういう方は次のレッスンで、先生と話すことがあまり思いつきません。

　例えば、週末の話を聞かれても、「何したっけな～？」となります。思い出そうとしたり、手帳を見てみたりしますが、結局大して思い出せない場合が多いです。

　逆に「次回のレッスンではこの話をしよう！」と思う方というのは、常に「これについて話す時はこういうふうに言いたいな」と考えています。ここまでは自分で言えるけど、この部分の説明は英語でどう言えばいいのかまったくわからない、と思ったことをレッスンで先生に質問できるわけです。

　週末の話を聞かれて、英語レベルは別として、こんなふうに話せるわけです。

「これとこれとこれをやりました。で、その後にこれをやったんですが、その後にやった○○が英語で何て言うかわかりません。何て言うんですか？」

　最後は質問に発展します。「なるほど、じゃあ次回からそう言います」となるわけです。

「何したっけな～？」と「ここまでは英語で言えるんですが、これって英語で何て言うんですか？」との間には雲泥の差があります。

　後者の方も朝から晩まで英語のことを考えているわけではありません。ふとした時に、「これって英語で何て言うんだろう？」と考えます。そして調べてみたり、先生に聞いたりして自分が使

いたい、知りたいと思う英語をドンドン学べていくわけです。

　独学されている方の場合は「次回のレッスン」がありません。なので、シミュレーションをする必要があります。次回、こういうシチュエーションで英語を使うかもしれないから、こういう話をできるようになっておこう、こういうふうに説明しよう、ということを常に考えてください。それを書き出して、まずは音読です。そして何度も言っている内に少し慣れてきたら、書いたものを見ないで話す練習をしてください。

　本当に大事なのは、みなさんの日常の話が英語でできるようになることなので、日常の出来事に目を向けないといけません。
　英語学習者の多くは「日常会話」が話せるようになりたい、とおっしゃいます。でも、日常何をしているかを英語で言う練習はほとんどしていません。
　特に初心者、初級者の方はご自分の日常を英語で話せるレベルでないといけません。そのためにはご自分の日常の中で、英語で言ってみたいことを常に意識する必要があります。意識するかしないかで雲泥の差がつきます！　しっかりと肝に銘じておいてください！

(5) 勉強を続けている

　当たり前ですが、勉強を続けている方は上達します。先日もTOEIC® が半年で100点上がった生徒さんがいらっしゃいました。
　この生徒さんはできる限りレッスンに参加されていて、平日の夜も仕事帰りにできる限りレッスンを受け、土日も1日に2〜3時間、日によっては5時間程度レッスンを受けていました。半

年というと、TOEIC® 対策などをして 100 点上がるか上がらないか、というレベルなのですが、特に TOEIC® 対策はせずにとくかくレッスンに参加されていました。この方も意識がとても高く、教えた英語はすぐに使う派の方でした。だから、特に対策をしなくてもスコアが上がったわけです。

　その他にも、広告代理店に務める K.O. さんという女性の生徒さんがいらっしゃいます。ご自身の業務にはまったく関係がないのですが、海外の広告関連ブログを読んでいます。会社から読むように言われているわけでもなく、仕事に英語が必要で勉強しているわけでもなく、自発的にやっていらっしゃいます。
　ある時、この K.O. さんにご質問をいただきました。私は大抵の質問は朝飯前なのですが、K.O. さんの質問は朝飯後、いや、昼飯後でないと答えられないものでした。やはり続けている人は違いますね。そういう質問ができちゃうんです。
　昼飯後の質問はどういうものかと言うと、例えば以下に紹介しているような文章がたくさんあるブログからの質問です。

So we are left with chasing our coveted future possessions between delivery slips, always delightful USPS, and "did my neighbor take my parcel or did she not" dilemma.

〈http://anaandjelic.typepad.com/i_love_marketing/2014/01/human-centered-innovation.html〉

　どうですか？　意味不明でしょ？　単語自体は辞書で調べればわかるのですが、最後の括弧＋dilemma（ジレンマ）の部分が口語的な表現なので、わかりづらいようです。どういう意味かというと、「『お隣さんが私の荷物を取ったのかどうか』という葛藤」という意味になるのですが、それがどう全体の文章に当てはまる

のか、中級の方にとっても理解するのに時間がかかるような文章なのです。

　おそらく多くの方はこういう記事は読もうともしないと思います。でも、しっかりと続けている方というのは、自発的にこういう記事も読んでしまうわけです。どうですか？　ちょっと英語の勉強がんばってみようかな〜とか思っちゃいましたか？

　最後にこの文の意味を教えてほしい！　とか思っていますか？
　教えません。あなたが英語の勉強をちゃんとがんばって上級になったら、聞きにきてください。その時に教えます。今から楽しみにしておいてください！

求められているのは「コミュニケーションへの意志」

　特に日本人の生徒さんは、英語を早く身につける秘密を知りたがります。これはおそらく世界でも稀だと思います。外国人に「英語を早く身につける方法はありますか？」と聞いたらおそらくほぼ全員に「Why don't you study?（勉強すればいいんじゃないすか？）」と返されると思います。

　そんなこと言ってないで勉強すれば？　そんなこと言っている暇があるなら勉強すれば？　というのが日本以外での英語学習に対する感覚です。

　私もよく「英語学習の秘密を教えてください！」みたいなメールをいただきます。確かに質の高い学習法、効率の良い学習法というのはあるのですが、みなさんが思っているような一発逆転的な学習法はありません。

　すごい学習法を探している方というのは「効率の良い学習法」を教えてほしいと言いながら、実は違うものを求めているのです。本当は何を求めているのかと言うと、「勉強しなくても完璧な英語が身につく方法」。

　残念ながらそんなものはありません。そんなものを6年探すんだったら、6ヶ月勉強した方が上達します。

　そもそも、「勉強しなくても完璧な英語が身につく方法」というのは「働かなくてもがっぽがっぽ稼ぐ方法」と相通ずるものがあります。何かこう「せこさ」のようなものを感じてしまいます。

働かないで競馬で食ってやる！　とか働かないでパチンコで食ってやる！　とほぼ同じ感覚です。

　競馬やパチンコのようなギャンブルは、何もかも他人にゆだねられています。しかし、英語はどうでしょう？　何もかもすべてがあなたにゆだねられています！　誰もあなたの代わりに勉強してくれません。誰もあなたの代わりに単語を覚えてくれません。あなたがやれば話せるようになる。やらなければ、話せるようにならない。競馬みたいな大穴もなければ、パチンコみたいなフィーバーもないのです。

　もう、勉強しなくても英語が身につく魔法の方法を探すのはやめませんか？

「完璧な英語」にとらわれていませんか？

　英語を勉強していく上で「完璧な英語」を目指すのは良いことだと思います。ただし、「完璧な英語」にとらわれてはいけません。「完璧な英語」にとらわれている方というのは、英語を間違えるのが恥ずかしいから「完璧に英語をマスターするまで話さない」と決めてしまいます。

　でも、英語は話さないと上達しません。話さないと英語を話すのに慣れることができないし、スムーズに英語が口から出てくるようにはなりません。英語が完璧になるまで話さないということは、話すようになるまで完璧に話せるようにならないので、結局一生話せないということになります。

　鶏は卵から生まれるから卵が先かと思いきや、その卵を生む鶏が必要だから、やっぱり鶏が先な気もするけど、その鶏も卵から生まれたはずだから……とまったく同じことを言っているわけです。

そもそもそういう方に「完璧な英語」って何ですか？　と聞くと、大抵明確な返事は返ってきません。「ネイティブ」のように話すこと、と言う人もいますが、ネイティブだって文法を間違えて話したりしますし、難しい言葉を使って話す人もいれば、簡単な言葉しか使わない人もいます。色々なことが話せる人もいれば、話題貧乏で話していてつまらない人もいます。
　じゃあTOEIC®満点ってことですか？　と聞くと、満点までいかなくても良い、とか言ったりします。
　つきつめると、みなさんは「日本語と同じように英語を話したい」と思っています。
　でも「完璧な英語」という概念に捕われているので「間違えるのが恥ずかしい」と思っています。そして間違えちゃうから英語を話したくない、英語で話しているのを聞かれたくない、と思っているのです。

　じゃあ聞きますけど、あなたの日本語は完璧ですか？　たまに「ぜんぜん大丈夫」とか、「とんでもございません」とか間違った日本語を使っていませんか？　使ってますよね？　じゃあ、あなたは日本語だって完璧に話せていないのに、なぜ英語を完璧に話せないといけないと思っているのですか？

会話で求められているのは「完璧さ」ではありません。
求められているのは「コミュニケーションへの意志」です。

　よく生徒さんから、日本人の間違い英語は外国人にどう聞こえるんですか？　という質問をいただきます。頭が悪そうな、バカっぽい感じに聞こえているのか？　とみなさん心配されています。

正直に言っちゃいましょうか？
じゃあ、正直に言っちゃいますよ。

　誰もそんなこと気にしていません。あんたね、自意識過剰だよ。外国人はあなたの間違い英語にいちいち反応しません。外国人はノンネイティブの英語に対して無意識にバッファーを設けています。多少のミスは気がつきもしません。言われてみれば間違ってるかな、ぐらいにしか思いません。彼らはあなたの先生じゃないので、そこまで気にしません。
　これは、日本人の方が外国人の日本語を聞く時とまったく一緒です。外国人のちょっとした日本語の間違いにイチイチ反応しますか？　「うわ、こいつバカだな～。超英語発音の日本語じゃん。恥ずかしい！」と思っていますか？　思っていませんよね。間違えて当然だと思っているから、特に反応しないと思います。
　逆にあまり日本語を間違えない外国人と出会うと、発音は明らかに日本人ではないのに、日本語お上手ですね！！！　と驚いたりします。
　絶対的にあなたの日本人のご友人の方が日本語がお上手なはずなのに、そのご友人は褒めず、外国人は褒める。「それだけ話せたら大したもんだ！」って手を叩いて「すごい！」って言いますよね。
　外国人も日本人に対して同じ感覚です。そして特に日本人の方は「超」がつくほどの無口なので（外国人講師が持つ英会話スクールに通っている日本人や留学している日本人のイメージ）、英語でしゃべろうものなら、もう「WOW!!!!!」レベルに褒め讃えられます。

「コミュニケーションへの意志」って何でしょう?

　私の実体験をお話ししてこの章を終わりたいと思います。

　先日、マンションのエレベーターで4階からB1に降りようとしていたら、1階で引っ越し屋のお兄さんが乗ってきました。名前はわかりませんが、便宜上、「春曲(はるまげ)さん」という名前にしましょう。

　エレベーターのドアが開くや否や、春曲さんが「ゴーイング　ダウン?」とものすごいカタカナ英語で言ってきました。「Yes.」と僕が答えると、「オーケー。エクスキューズ　ミー」と言ってエレベーターに乗り込んできました。B1に着くと春曲さんは「アフター　ユー」と言って僕を先に行かせてくれました。

　春曲さんの英語はこれでもか! というぐらいカタカナでした。しかしそんな彼のカタカナ英語を聞いて僕はなんと思ったか。
「この人すごい」

　何がすごいって、【コミュニケーションへの意志】がはっきりしているんです。【話すぞ】という気持ちがそこにはありました。相手に伝えるぞ! という気持ちがひしひしと伝わってきました。

　簡単な表現ですし、カタカナ発音ではありますが、知っている英語を確実に自分のもの、自分の言葉として使っているわけです。

　彼の英語を聞いて私が思い出したのは、ソニー創業者の盛田昭夫さんです。盛田昭夫さんもカタカナ英語でしたが、「コミュニケーションへの意志」がすごいんです。カタカナ英語なんてまったく気になりません。英語を間違えるのが恥ずかしいから英語を話さないという人と比べたら、100倍すごいです。100倍じゃき

かないかもしれません。

　英語学習者の多くは確実に知っている表現でも、恐る恐る、「合ってるかな〜」みたいな顔と声で言ってきます。すごくきれいな発音で「合ってるかな〜」という態度で英語を言われるより、カタカナ発音で自信を持って言われたほうが、100倍気持ち良いです。
　後者は「もっと話したい！」と思わせます。前者は話していて、なんかこっちが心配になってきます。生まれたての子鹿ちゃんがトランポリンをしようとしているのを見るぐらい心配になります。「I'm fine.」とか「I'm good.」というとても簡単な表現でもそうです。確実に合っているのに、恐る恐る言う方がとても多いです。
　でも先ほども言いましたが、私は春曲さんのその英語に圧倒されました。同じマンションの外国人との食事に彼を連れていったら、確実に場を持って行かれるだろうなと今思い返しても身震いしてしまいます。
　もうここまで来ると脅威ですね。それを彼は私にたったの二言で感じさせました。

　さあ、次はいよいよ英語が上達する考え方をお教えする第2部が始まります。
　しかし第2部に進むには条件があります。その条件とは、あなたが英語に対する恐れを捨て、私と一緒に春曲ることです。
　ここから先は、あなたがコミュニケーションへの意志を表現するために必要なことをお教えします。

　多くの英語学習者は、英語力が上がれば自信が持て、英語を話

すことが恥ずかしくなくなると思っています。
　残念ながら話はそう簡単ではありません。自信が持てるようになるには英語を話さないといけません。英語を話していると自信が持てるようになります。そう、鶏が先なんです。

　では準備ができた方から順に、レッツ・ハルマゲ！

第 2 部

英語が上達する人は、こんなふうに考えます!

インプットと
アウトプットは2対8

　ほとんどの英会話学習者は「インプット」重視です。英語を口から出すよりも、英語を頭に入れたいと考えています。

　初心者の場合、元々英語をあまり知らないので、インプット重視になってしまうのはよくわかります。そもそも英語をあまり知らないから一通り学んでおきたい。一通り学んだら、英語を話そう。つまりインプットが終わったらアウトプットをしよう、というのが初心者に限らず英語を学ぶ人がとろうとする学習ステップです。

　しかし！　ここには大きな問題があります。

英語は使わないと忘れる。

　英語を学ぶ方のほとんどがこう考えます。英単語、英文法、英語表現を一通り「覚えたら」、英語を「使おう」って。でも、英語は使わないと覚えません。
　よく私の本で英語を勉強している方が、私の本で学んだ英語表現が覚えられない、覚えても忘れてしまう、とおっしゃいます。そりゃそうですよ。だってアウトプットしていないんだもん。アウトプットしないで覚えられることなんかありません。

　「いやでも、これでも子供の頃は記憶力が良かったんです。大人

になるにつれて物覚えが悪くなってきてしまいました」

みなさん、大体そういうことを言います。

「ほほお。じゃあ、佐藤さんは小学生の頃は漢字のテストは毎回勉強しなくても 100 点だったんですか？」とお聞きすると。

「いえ、ぜんぜんダメでした」

「なんだよ！　子供の頃も記憶力悪いんじゃん！」と私は毎回心の中で思うわけです。
　英語学習者の 99％は大人になって記憶力が悪くなったと言いますが、実は記憶力は子供の頃から悪いのです！
子供の頃の方が記憶力が良かった、というのは気のせいです。

　子供が漢字や九九を覚えられる理由はシンプルです。
「反復練習」をしているから。

　漢字のテストの前には漢字を覚えるために何回も何回も書きましたよね。だから漢字のテストで良い点数が取れたのです。子供の頃はしっかりとアウトプットをしていたから漢字を覚えられました。でも反復練習していなかった子供は当然点が取れない。
　九九も一緒です。何度も何度も家で練習しました。だから覚えているんです。

　大人になるとどうでしょう？　「見るだけ勉強」ですよね。書かないし、声にも出さない。反復もしたくない。

あなたが習った英語表現をすぐに忘れてしまうのは、アウトプットしないからです。ただそれだけ。頭の善し悪しは関係ありません。才能もまったく関係ありません。記憶力もなんら関係ありません。要はインプットとアウトプットをセットにしているか。それだけです。

正しい学習プロセス

英語を一通り覚えたら話そう！　と思っている方は本当に多いです。頭の中で「習う」→「覚える」→「使う」というプロセスができあがってしまっているのです。

これが間違いの元です。

> **正しい英語学習のプロセスは、**
> 「習う」→「使う」→「覚える」

なので、この通りにやっていただければ、英語は必ず覚えられます。

そういえば、漢字だってそうですよね。簡単な漢字も、なかなか思い出せないことがあると思います。それはあなたの記憶力が悪くなっているからですか？　そうではありません。最近は文字を手で書かずにPCやスマホなどで書くことが多く、忘れていても漢字に勝手に変換してくれます。漢字を実際に書かなくなったので、忘れてしまっているだけです。

日本語の漢字、しかも一度覚えたものさえも使わないと忘れるんです。英語だったらなおさら忘れますよね。

正しい英語学習のプロセス、「習う」→「使う」→「覚える」の通りに英語を学べば、英語は必ず話せるようになります。

とにかく英語を口から出す

　外国人の友達がいる方、英会話教室に通っている方、カフェ、バー、新幹線などで隣に座っている外国人に気さくに声をかけられる方は、すぐにでも「英語を使う」ことができます。

　しかし初心者や初級の方に「英語を使いましょう」と言っても外国人の友達はいないし、英会話教室に通うのはハードルが高いし、道ばたで外国人を呼び止めて英語で話すのはさらにハードルが高いし、かといって外国人がたくさんいるバーとかに繰り出すのもかなりハードルが高いと思います。

　そういう場合は、まずご自宅で習った英語を大声で叫んでください。大声は近隣に迷惑がかかるからちょっと……という方は普通の声で言ってください。普通の声で言うと、家族に怪しまれるから、という方は小声でもかまいません。

　とにかく習った英語をせめて口から出さないと英語は覚えられません。英語表現集に出てくる英語表現を見ただけで覚えられればいいのですが、それはなかなかできません。でも、口から英語を出していると、意外と覚えられるんです。

　特に初心者や初級者の方というのは、英語で話すこと以前に、英語を言うこと自体に慣れていません。そういう方には特に声に出して英語をアウトプットしていただきたいです。そうしていただくと、「見るだけの勉強」をしている人よりも「英語慣れ」が相当早くなります。

中級の人もインプットが大好き

英語学習者はレベルに関係なく、インプットの勉強が大好きです。

一度、私の英会話教室の中級のレッスンを聞いていました。そのレッスンの講師は、60分レッスンのうち55分レクチャーをしていました。色々な表現を教えていたのですが、ニュアンスやシチュエーションやら、こと細かに説明していました。このレッスンを聞いていた私は、もうそろそろアウトプットに移行するかなと思いながら聞いていたのですが、55分も過ぎてアウトプットを始めたので、かなり怒りを感じていました。「こいつクビだな」と思っていました。

そしてまずは生徒さんに謝ろうと思い、生徒さんのところに駆け寄ると、「イムラン先生、今日のレッスン、すごく良かったです！」と生徒さんからまさかの好評価！　正直、度肝を抜かれました。カウンターパンチです。しかもアッパーカット。

私は気をとりなおして、「それは良かったです！」と笑顔を見せました。そしてその生徒さんは3ページぎっしりと取ったノートを大喜びで見せてくれました。

この時に気がついたんです。中級の方もインプットが好きなんだって。

インプットは頭を使わなくて済む

なぜみなさん、こんなにもインプットが好きなのか。それにはいくつか理由があります。まず1つ目は頭を使わなくていいから。インプットの場合はただ先生の話を聞いて、それをノートに書け

ばいいだけなので、あまり頭を使いません。そしてこれが2つ目の理由につながります。

　2つ目の理由は、ひとつ賢くなった気がするから。頭が良くなった気がするから。新しい知識を得ることができるので、確かに賢くなりますよね。

　この2つの要素があるので、どのレベルの生徒さんもインプットを好みます。
　では「アウトプット」とはどういうものか。アウトプットは習った英語を思い出す作業です。言いたいことを考える作業です。そう、頭を使うんです。だから面倒。しかも頭にあることを出すだけだから頭が良くなった気はしません。
　この2つを比べると明らかにインプットの方が魅力的ですね。
　でも先ほども言いましたが、英語は使わないと覚えられない。だからいくらインプットしても、時間が経つとドンドン忘れていってしまいます。

上達が早い人は習ったらすぐに使う

　英語は習ったら使う。常にこれを心がけないといけません。英会話教室に通っている方は、そのレッスンで習った英語はそのレッスンの中でできるだけ使ってみましょう。

　英会話教室に通っていない方はご自宅で勉強した英語を声に出して言ってください。最初は棒読みになると思います。それでもかまいません。まったくもってノープロブレムです。
　英語を言うことに慣れてきたら、その英語を使うシチュエー

ションをイメージしてみてください。そして、少しでいいので、感情を入れてその英語表現を言ってみてください。そんなにオーバーにやらなくても大丈夫です。適度に感情を入れて英語を言ってみてください。

慣れてきたら、ジェスチャーも入れてみてください。外国人はジェスチャーが多いです。話とはまったく関係なく、とにかく手が動きます。せっかくなので、あなたも早い段階から英語を話す時は手を動かしてください。きっと楽しみながら英語を言えると思います。

「やるバカ」と「やらないバカ」

ご自宅で声に出して英語を言うことを勧めると、家で一人でやるのはなんかバカっぽいので、他の方法はありませんか？　と聞いてくる方がいます。じゃあ、英会話教室に通って、学んだ英語を使ってください、とアドバイスします。そうすると、「いや、英会話教室はちょっと」と言うので、バーか道ばたで外国人を見つけて英語を使う練習をしてください、とアドバイスします。そうすると、「それはちょっとハードルが高いですよ」と言います。

じゃあ、ネットで先生を探すかスカイプレッスンとか受けてみたらどうですか？　とアドバイスします。そうすると、「良い先生が見つかるかわからないじゃないですか」と返ってきます。全ての方法に対してしっかりと理論武装しているわけです。

英会話業界ではこういう方は「やる気がない」「本当に英語が話せるようになりたいわけじゃない」と太鼓判をおされてしまいます。でも私はそうではないと思っています。こういう方は甘えているだけなのです。英語をマスターしたいけど、自分にやさし

いので、ついついもっと楽な方法はないかと甘えてしまう。
　でもね、5歳の子供や猫が甘えてくるとかわいいですけど、いい大人が「ごろにゃ～ん」と甘えてきても、それほどかわいくありません。若干怖いです。なので、今すぐその甘えを捨てましょう！

　自宅で一人で英語を声に出して言うのはバカっぽいので嫌だ、という方はけっこういるのですが、そういう方は私に言わせれば「やらないバカ」です。
　一人で家で英語を声に出しても、誰かが見ているわけではないので、恥ずかしいはずがありません。もしかすると家族がいるかもしれませんが、聞かれたくなければ、声を少し小さめにすればいいだけのことです。それをやれば今までと比べものにならないほど英語が上達するんですよ。英語を言うのに慣れるんですよ。なのにやらないの？！

「やるバカ」と「やらないバカ」だと半年後の姿が月とすっぽんです。「やるバカ」は半年後、けっこう英語を覚えている。しかもジェスチャー付きで英語を言っているわけです。
「やらないバカ」はどうか？　半年後も何も変わらず、「何か良い方法ないかな～」と言っています。半年後もそうだし、1年後、2年後、もしかすると10年後にもまだ「何か良い方法はないかな～？」と探していることでしょう。やればいいのに。バカですよね。

　あなたはどっちのバカになりますか？　これだけの差が出るんです。もちろん、「やるバカ」ですよね。

では「やるバカ」になることを決めてみなさん、please repeat after me（私の後について言ってください）！

大声で言える方は大声で言いましょう！　大声を出すと近隣や家族に怪しまれる方はちょっと小さめな声で言いましょう！

「やるバカになるぞ！」

あと2回言いましょう！

「やるバカになるぞ！」
「やるバカになるぞ！」

いいですね、「やるバカ」丸出しです！

自分の課題を知る

インプットとアウトプットは必ずセットでしてください。しかも割合はインプットが2でアウトプットが8です。

なぜこんな大差があるかというと、すごい量の英語を一気に習ってもなかなか覚えられないからです。人間が覚えられる量には限界があります。であれば、2習ったことをしっかりと覚えて定着させるために8のアウトプットをしましょう。

英語の勉強に慣れてきたら、この割合はご自分の好きに調節してください。でもインプットを5以上にはしてはいけません。ほっとくとみなさん、インプットに対するアウトプットの割合が8：2や10：0になっちゃいますので、ご注意ください！

インプットとアウトプットのバランスが取れている方は、次のステップに進みましょう。それは自分の英会話力を把握して、自分のレベルに合った課題をこなすことです。

「目標」は持たずに「課題」を持つ

　英語の勉強をしている方のほとんどは「目標」を持っていると思います。例えば、「ネイティブのようにペラペラになりたい」とか「簡単な日常会話が話せるようになりたい」とか「旅行で困らない程度に話せるようになりたい」とか。

　しかし英語学習において私が「目標」よりも重要視しているのは「課題」です。**「課題」というのは、あなたが次のレベルにいくためにしなければならないことです。**
「目標」は実践することではなく、取り組めることでもありません。あくまでも、未来に置いて追いかけるものです。「課題」は実践することができ、すぐにでも取り組めます。
　英語を勉強しているほとんどの方は、「課題」を持たずに「目標」に向かっています。だから、「英語の勉強って何すればいいんですか?」という感覚になり、とりあえずネットで教材を探したり、本屋さんで本を探したりします。そして特に目的もなく「とりあえず学習」をしてしまいます。**「とりあえず学習」というのは、よくわからないからとりあえず単語でも覚えようかな、文法でもやろうかな、リスニングでもやろうかなという感覚の勉強です。**これをやっていると先ほどお話ししたインプット重視の勉強になり、習っては忘れ、習っては忘れの繰り返しになってしまいます。

　自分の「課題」を決めるために、私が使っているレベルチェック・シートをご覧ください。

イムラン式レベルチェック・シート

	レベル	理解力、リスニング力 Understanding／Listening skills	会話力（説明力） Communication skills	会話内容（の豊富さ）、ネタ力 Topic skills
上級	レベル7	先生の話を聞き直さなくても9割程度理解できる	トピックからトピックに飛び、自分で話したり、他の人に話をふったり、他の人の話に自分の話をかぶせたりして1時間会話を続けることができる（先生なし）	初めての会話内容でも考えながら話せる どんな会話内容でも会話に参加できる
中級	レベル6	先生の話を聞き直さなくても8割程度理解できる	トピックからトピックに飛び、自分で話したり、他の人に話をふったり、他の人の話に自分の話をかぶせたりして1時間会話を続けることができる（先生あり）	初めての会話内容でもゆっくり考えながら話せる どんな会話内容でもただ聞いているだけではなく、相づちを打ったり、質問をしたりして、会話にある程度参加できる
初中級	レベル5	先生の話を聞き直さなくても7割程度理解できる	1つのトピックで会話を始めて、自分で話したり、他の人に話をふったりして会話を続けることができる（先生あり）	一度話したことがある内容やトピックはスムーズに話せる 【天井】できるトピックが3つある（天井＝相手にへぇ〜と言ってもらえたり笑わせたりできるような話） 大体のトピックは準備すれば話せる

初級	レベル4	先生の話を聞き直さなくても6割程度理解できる	質問をされたら3〜5センテンス＋because, but, soなどの接続詞を使って答えられる	最近の出来事、今度の予定の話などはできる【天井】できるトピックが1つある
初級	レベル3	先生の話を聞き直さなくても5割程度理解できる	質問をされたら2〜3センテンスで答えられる	準備すれば、下記トピックを5センテンスずつで話せる
初級	レベル2	先生の話を聞き直さなくても3〜4割程度理解できる	質問をされたら1センテンスで答えられる	仕事、趣味、最近の出来事、予定、好き嫌い、習慣の話はできる
初心者	レベル1	質問をされて何を聞かれているかなんとなくわかる（1〜2割）	質問をされたら単語で答えられる	名前、歳、仕事、住んでいるところ、趣味、好き嫌いは言える
初心者	レベル0	質問をされても何を聞かれているのかわからない	学校で習った英単語は少し覚えているが会話では使えない	名前、歳、住んでいるところは言える

英会話力を把握する

　レベルチェック・シートを見ていただくとわかるように、「英会話力」を把握する時に大事なのは英語の「理解力」「会話力」、そして「ネタ力」を尺度とすることです。

「理解力」…リスニング力も含めて、英語を聞いた時あるいは英語表現を見た時に、どれだけその英語を理解できるかということです。

「会話力」…何かを聞かれた際にどれだけ説明できるかという「説明力」です。例えば、「先週末に遊園地に行った」という話をしたとしましょう。その事実をどれだけ説明できるか（話ができるか）、というのは会話をする上で重要です。
　例えば、「先週末、遊園地に行ったんだ」と言ってそこで話を終えるとします。そして相手に「どこ行ったの？」とか「楽しかった？」と聞かれるまで待つとします。これはただ言っただけで、何も説明していないので、会話力が低いことになります。
　どこに行ったのか、楽しかったのか、誰と行ったのかなど相手にいちいち質問されなくても、自分から説明すると「会話力」が高いことになります。
　「会話力」の話をすると、たまに「自分ばかりそんなにベラベラ話しても相手に失礼じゃないですか？　だったら質問してもらって聞きたいことだけ教える方が良い気がするのですが」と言う方がいらっしゃいます。
　それは違います。
　例えば、あなたと私で食事に行ったとしましょう。その食事の

席で、こういう会話の流れになったら、あなたはどう思いますか？

あなた　「いつも週末はどうされているんですか？」
イムラン「大体出かけます」
あなた　「どこかよく行くところはありますか？」
イムラン「その時々によりますね」
あなた　「先週はどこに出かけたんですか？」
イムラン「遊園地です」
あなた　「そうなんですね。楽しかったですか？」
イムラン「はい」

　この会話を実際にしているのを想像してみてください。質問をしても返事は一言。その後に会話が続かない。自分が質問しないと相手は口を開かない。
　この状態で1時間食事をすると想像してみてください。二言目には質問をしないといけないので、これは相当疲れますよ。20分もすると、質問を考えるだけでも大変。そして、もうどうしようもないので、とりあえず自分の得意な話などをするけど、私の返事は「そうなんですね」程度。どうですか？　もう二度と会いたくないですよね。

聞かれたことだけに答えるというのは、会話力が高くないことになってしまいますし、相手に大変失礼です。
　しっかりと「会話力」を意識しましょう。

「ネタ力」…どれだけ英語で話せるネタを持っているかということです。自分の身近な話ぐらいだったら話すことがあるというレベルのネタ力なのか、会話を1時間もたせることができるレ

ベルのネタ力なのか。英語力がアップしていくにつれて、ネタ力も上げていきたいですね。

まずは先ほどのシートで、あなたの「理解力」「会話力」「ネタ力」のレベルを把握してください。各項目に関して自分はこれくらいだなと思うところに○をしてください。

自身のレベルが把握できれば、次は「課題」を決めることができます。

「理解力」の課題設定

ここから「理解力」「会話力」「ネタ力」の3つの課題を決めていきます。1つめの「理解力」だけ、課題が設定しにくいので注意が必要です。実際のところは「会話力」と「ネタ力」が上がると相対的に「理解力」は上がっていきます。なぜなら自分が話せることが増えていくと、語彙力が上がるので、理解できることが増えてくるからです。なので、「会話力」と「ネタ力」が上がれば「理解力」も上がります。

そのため、課題としては「会話力とネタ力を上げる」というのが最もフィットするものになります。

初心者と初級者はまず「会話力」と「ネタ力」を上げることによって「理解力」を上げるということに専念してください。

初中級、中級レベルの方は、英語をしっかりと聞く回数を増やしていきましょう。英語表現を繰り返すような内容のものではなく、会話調になっているものをとにかくたくさん聞く。聞く時は聞き流すのではなく、ちゃんと内容を理解しようと努めながら聞く。そういう課題を自分に課してください。

こういう話がしてみたいなあ、こういうふうに話してみたいな

あ、と思うものを厳選して聞いてください。海外ドラマや映画、好きなアーティストのインタビューでもかまいません。こういったものに、今よりも多く触れてください。そして**課題として設定するのは「聞く頻度」と「いかに色々なものを聞くか」**です。1つのものを聞くのは2〜3回くらいでいいです。それ以上聞くと、つまらなく感じるので。2〜3回聞いたら、次のものにいきましょう。

「会話力」と「ネタ力」の課題設定

「会話力」と「ネタ力」の課題を決めるのは簡単です。各項目のご自分のレベルの1つ上に位置するのがあなたの課題です。英語を上達させたいのであれば、その課題に取り組まなくてはいけません。

例えばレベル2の方の会話力のところを見てみましょう。「質問をされたら1センテンスで答えられる」とあります。レベル2の方の会話力に関する課題はその上にある「質問をされたら2〜3センテンスで答えられる」です。
課題が明確で、かつ具体的なので、あとは実行に移すだけです。

英語力を上げると考えると、どうしても単語力をつけるとか、文法を勉強するとか、そういう方向にみなさん意識が行ってしまいます。単語力も文法力も大事ではあるのですが、直接的に英会話力を上げてくれるものではありません。
「質問をされたら2〜3センテンスで答えられる」というのは実際に会話量が増え、相手に伝えることが増えるので、英会話力の向上に直接的につながります。

「課題」を意識せずに「目標」だけを持って進むと、なかなかレベルは上がりません。「質問をされたら1センテンスで答えられる」方というのは、意識をしない限り、延々、質問をされたら1センテンスで答えてしまうのです。1センテンスで答えることに慣れてしまいます。その内、2～3センテンスで答えるようになるかな～と思って待っていても、ず～っと1センテンスで答え続けます。1センテンスで答えることが「正解」だと思っているからです。そしてそれがクセになるわけです。

2～3センテンスで話せるようになるのは、2～3センテンスで話すことを意識している人たちだけです。

だから、「課題」を設定するということが大変重要なのです。

課題を設定したら実行するだけ

「課題」がわかったら、とにかく課題に取り組んでください。質問をされて1センテンスで答えている方は2～3センテンスで答える。この本の第5部（実践編）で、練習するための質問を用意しているので、それを見ながら質問に答える練習をしてください。まずは簡単な質問から答える練習をしましょう。

簡単な質問は答えるのがつまらないと思う方もいるでしょう。しかし、簡単な質問ぐらいある程度の会話量で答えられないのはそもそも話になりません。なので、簡単な質問から答える練習をしていただくのがおすすめです。

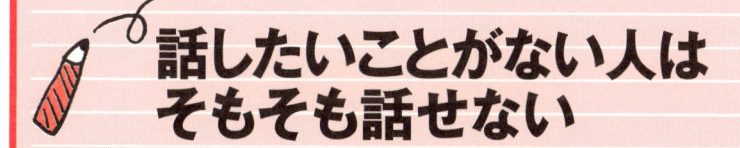

話したいことがない人はそもそも話せない

　単語と文法を身につければ自由自在に英語が話せるようになる、と思っている方がけっこう多いです。しかし単語と文法はどちらかというと、フィルターのようなものです。
　まず自分が話したいことがあり、その話したいことを文法と単語を駆使して話す、という感覚が大切です。当たり前に聞こえますが、実はこれをわかっていない方がとても多いです。そのため文法や単語の勉強をしても、「で、何を話せばいいんですか？」という方がとても多いのです。

　英語というのは単語や文法を学べば勝手に口から出てくるものではありません。自分が話したいことがあり、それを英語にして口から出すものです。話したいことがなければ、口からは何も出てきません。

話してみたいことを日本語でまとめる

　あなたが英語で話したいことはなんですか？　具体的に教えてください。「日常会話」ではダメですよ。だって日常会話ってネタじゃないですから。
　「日常会話」という言葉は曲者（くせもの）です。英語でどんな話がしてみたいですか？　と聞くとみなさん口を揃えて「日常会話」と言います。では、今から２分間で良いので、日常会話を話してください。２分が長ければ１分でもかまいません。さあ、どうぞ。

「え？　急にそんなこと言われても、何を話せばいいんですか？」となりますよね。なぜなら「日常会話」はネタじゃないからです。「日常会話」は漠然としすぎていて、「話したいこと」には該当しません。

「話したいこと」があるかどうかで英語の習得スピードは明らかに変わってきます。

　話したいことがある方は、まずその話したいことを日本語で書き出してください。例えば、日本の神社を紹介したいな〜と思う方がいるとしましょう。

　そうすると、「まず神社の鳥居の下でお辞儀をします。次にお参りする前に手と口を清める場所がありますので、そこで手と口を洗います。作法はこの順番です」ということを書き出します。そして考えると、「まず」ってなんて言うんだろう。「お辞儀」ってなんて言うんだろう。ということになります。

　調べれば新しい単語が学べます。自分が話したいことに関する単語がどんどん学べるわけです。話したいことが特にない、となるといつ使うかわからない単語をどんどん覚えることになります。これはけっこう苦痛です。ストイックな方にはおすすめですが、ストイックに勉強していくのが苦手な方にはおすすめできません。

間接学習より直接学習

　学習には間接学習と直接学習があります。単語や文法を学ぶのは間接学習です。単語や文法を学ぶことによって自分で文を作るという、間接的に「話したいこと」を学ぶ方法と言えます。一方、

直接学習というのは、自分が話したいことを直接学ぶという方法です。

例えば、「今日はもう遅いからそろそろ帰った方がいいんじゃないですか？」と言いたいとします。

間接学習の考え方では、「文法と単語を学んでいけば、その内こういう文も作れるようになります。ではまずは現在形からいきましょう」となります。

直接学習の考え方では、「そういう時は"It's getting late, so maybe you should get going."という言い方になります。『It's getting late』が『遅くなってきた』、『you should get going』が『そろそろ行った方が良い』『そろそろ出た方が良い』という意味で、この2つを『so』（から、だから、なので）という接続詞でつないでいるだけなんです。さらに『maybe』を入れることによって、『じゃない？』と少し言い方にクッションを入れています」となります。

自分が言いたいことを直接学び、そこから単語や文法を理解していくというのが、直接学習です。

直接学習の方が早いし、学びが深い。なぜ深いかというと、あなたが実際に言いたいことだから、自分の言葉として言えて、記憶に残りやすいからです。どうでも良い、てきとうなJohnとかMaryの話ではなく、あなた自身の話なので、学びが深くなるのです。

みなさんは中学、高校と間接学習をしてきました。間接学習では、単語と文法を学び、それらを駆使して英語を話すことになりますが、そこには単語力と文法力以外のスキルも必要になります。

それは、この2つを自分の言いたいことに変えるための「融合力」です。実はこれがけっこう大変なんです。まず言いたいことを考えます。それに合う単語を頭の中で探して、それを文法に当てはめて文を作る。これを毎回何かを話そうとする度にやらないといけないわけです。単語も文法も事前にたくさん覚えているというのが前提になります。

　では文ではなく、会話単位の直接学習をみてみましょう。
　例えば、あなたが日本の神社を外国人に紹介したいな〜と思ったら、まず話す内容を決めます。そしてそれに必要な単語と文法を考えたり、調べたりします。話す内容が用意できれば、神社を外国人に紹介するための会話のたたき台ができあがります。
　単語も文法も事前にたくさん覚えてその中から選ぶのではなく、学びながら覚えていくのです。とりあえず100覚えて、その中から使いそうなものを選択するとなると、実際に使いたい単語はそれほどないでしょう。そうなると無駄が多くなるわけです。
　でも**学びながら覚えていくと、限りなく無駄が減り、効率的に学べます。**

　間接学習で勉強されている方と直接学習で勉強されている方の英語の上達具合いを比べると、当然、後者の方が圧倒的に早いです。間接学習をしている方は単語も文法も一通り勉強してから、話すことを考えます。でも、使わないと忘れるので、一進一退に学習が進みます。
　一方、直接学習は話したいことさえあれば、それを軸に単語と文法を学んでいきます。自分が話したい内容に沿った学習内容になるわけです。間接学習と比べて圧倒的に早く、効率が良いのがおわかりいただけますよね。

いくら本を読んでも実践しないと上達しません

　見出しを見て、そんなことわかってるよ！　と思いましたか。ではあなたが最後に英語勉強法の本を読んで、書いてあることを実践したのはいつですか？

　ほらほら。やっぱりわかってないじゃないですか。

　でも、落ち込むことはありませんよ。英語勉強法の本もビジネス書も実践する人はなかなかいません。私も200冊に1冊ぐらいしか実践していません。

「私は実践したことありますよ！」という方もいるでしょう。そんなあなたは「英語変態Ⓒ」に認定します。英語勉強法の本に書いてある勉強法を実践する方は本当に稀です。女性ものの下着をはいている男性ぐらいレアです。

　実践する方って英語が上達するんですよ。**正直に言ってしまいますが、英語勉強法の本の90％は内容を実践すれば英語が上達します。**

　例えば本田直之さんの『レバレッジ英語勉強法』では、「『偏った英語のフレーズ』を20個覚える」という課題が出てきます。要は自分の関心、得意分野について20個英文を覚えるということです。

　これをきちんとやると、かなり話せるようになります。でも実践する人はなかなかいません。実際にやってみたことがある人はわかると思いますが、6個目ぐらいでつらくなってきますよね。文を20個覚えるって日本語でも難しいですからね。

英語勉強法の本を買ってしまう本当の理由

　みなさんが、英語勉強法の本を買っているのは、今度こそ最高の勉強法で勉強するぞ！　という思いからだと思いきや実は「まったく勉強しなくても英語が話せる方法」を探しているんです！　胸に手を当てて自分の奥底にいる小さいおっさんか小さいおばはんに聞いてみてください。実はそうだと言うはずです。

　さあ、どうしますか？　まったく勉強しなくても英語が話せる方法が開発されるのを待ちますか？　それとも私と一緒にネーミングはちょっとださいですが、「ワクワク英語ランド」で英語を勉強しますか？　今日中に決めてくださいね。明日から実践してもらいますから。

「知っている」と「できる」は違います

　英語本や英語勉強本を買っている方に共通することなのですが、本を読んでいて知っている英語表現が出てきたり、前にも聞いたことが書いてあると「知ってるよ」という態度をとります。そして「こっちはね、知らないことを知りたいから本を買ってるんだよ」と心の中で思ったり、Amazon に書いたりします。

　でもね、知ってても、できていない、つまり使っていないなら、何も意味がないんですよ。「知ってる」だけじゃ何にもなりません。

　知ってるんだったら、そんな本なんか買わずに勉強法を実践したり、以前に学んだ英語表現を使って外国人と話したり、英会話スクールで話す練習をすればいいじゃないですか。

　知ってるという方の多くは、ある英語表現を見たらその意味は

わかります。でも、逆バージョンはできない方が多いです。そう、日本語の表現を見たり聞いたりして、それの英語を思いつくことはできません。それでは正直「知っている」内には入りません。

そういう意味で言うと、「知っている」は「知らない」と大して変わらないわけです。

みなさんは是非「できる」とか「やっている」（実践している）というレベルを目指してください。

では「できる」ようになるためには、「やっている」と言えるようになるためには、どうすればいいのでしょうか。

それは、今からあなたに自分で考えてもらいます。
この漢字は読めますか？

「薔薇」

読めますね。
では見ないで書けますか？

ほとんどの方が書けないと思います。

では1分後に「薔薇」という漢字のテストをすることにしましょう。あなたはこの与えられた1分間で何をしますか？

(1)「薔薇」という漢字を何度も見る
(2) テレビを見る
(3)「薔薇」という漢字を何度も書く

多くの方は（3）を選ぶと思います。「書くと覚える」という

ことをわかっているからです。

　それなのに、英語の勉強になるとみなさん（1）か（2）を選びます。（1）というのはつまり、書いたり、言ってみたりせずに英語本を読むだけということです。見ていれば読めるようにはなりますが、当然書けるようにはなりません。でも見る度に「薔薇」という漢字は「バラ」と読むとわかります。だから「知っている」ことを確認できます。ここで満足してしまうのが、みなさんが気がつかずにはまっている英語学習の罠なんです。

　そして驚くことに（2）を選ぶ方もいます。英語本に出てきた英語表現はいつか使うだろうと思っているけれど、テレビを見たり、他のことをしてしまい、書いたりして覚えようとしない。

　この際なので言っちゃいますけど、英語表現集なんかどれも同じようなものばかりですし、あなたが会話で使うような英語はほぼどこかの本に載っています。だから毎回毎回新しく出版される英語表現集を買う必要もないし、「知っている表現ばかり」だなと言っても、そんなの当たり前です。今更どんなすごい英語表現を求めているのか不思議に思うぐらいです。日本語でだって大した話してないくせに！　おっと、ちょっと言い過ぎましたね。

　このパートではけっこうきついことをたくさん言っちゃいましたが、これぐらい言わないと3ヶ月後にまた英語表現集を買っちゃうと思うので、心を鬼にしてボロクソ言いました！　気分を害された方もいるかもしれませんが、僕のことは嫌いになってもかまいません。でも英語は嫌いにならないでください。

　さあ、ではいよいよ第3部では具体的な英語勉強法をお教えします！

第3部

上達が実感できる！
イムラン式
英語勉強法

スピーキングの勉強法

　スピーキングの勉強法で一番はじめにしなければならないのは、**「話したいことを把握すること」**です。

　自分がどういう話を英語でしてみたいのか。これをほんの少しでもいいので明確にすると、スピーキングの勉強が進みます。
　スピーキングの勉強が進まない方の典型はこういう方です。

イムラン「英語でどんな話がしてみたいですか？」
Aさん　「特にないです。日常会話ができるようになればいいです」
イムラン「日常会話というと、普段はどんな話をするのが好きですか？」
Aさん　「だから普通の日常会話です」
イムラン「じゃあ、今から1分間、日本語でいいので私と日常会話をしましょう。ではあなたからスタートしてください。どうぞ」
Aさん　「え？　日常会話って言っても幅広いじゃないですか。何を話せばいいんですか？」

　あと一歩で禅問答の域です。

　僕がこういう質問をするのには2つ意図があります。まず1つ目は、その生徒さんの英語学習開始のきっかけを聞くためです。

きっかけを聞くと、例えばこういう話がしてみたい、こういうことが言えなくて悔しかったので勉強したいという話が出てきます。そうなると本人も目的や目標が再認識でき、モチベーションが上がります。

　もう1つの理由は、勉強におけるスターティングポイントを明確にするためです。
　例えば、以前浅草を歩いていたら外国人に道を聞かれたけど説明できなかったというエピソードがあるとします。その時は簡単な道順なのにうまく説明できず、悔しい思いをしたとしましょう。
　そういう方はじゃあ、まずは道案内の説明をする時の英語を勉強しましょう、と言うことができます。次回、浅草で外国人に道を聞かれたら、これで道案内はできます。しかし道案内が終わったら、その後は普通の会話、日常会話に移行します。じゃあ、次は日常会話の勉強をしましょう、となります。そして話は続きます。道案内している間に、もしかするとどこから来たの？　とか、他にはどこに行くの？　とか、そうそう、ここも面白いから行ってみなよとか、そういう話にも発展するかもしれないから、勉強しましょう、ということにもなります。
　要は勉強のスターティングポイントがあると「自然と」勉強内容がドンドン膨らんでくるのです。「じゃあその流れでこういう話をしてみてはどうですか？」とか、「この流れでこういう話をしてみたいです」などと別の話題で盛り上がったりもします。

　では、スターティングポイントがないバージョン行きましょう。
　英語学習はまず挨拶から始めましょう。挨拶はコミュニケーションの基本ですからね。
　How are you? —— I'm fine.

では次は天気の話に行きましょう。

How's the weather today? —— It's sunny today.

次は家族の話をしましょう。お父様はどんなお仕事をされていますか？　お母様は？

What does your father do? What does your mother do?

じゃあ次は趣味ですね。

What is your hobby? Do you have any other hobbies?

住まいの話もしておきましょうか。

Where do you live? —— I live in Azabu Juban.

こういった話題自体が悪いわけではありません。こういう話もできないといけませんから。でもスターティングポイントがないと、あまり気持ちがノらない内容を学ぶことになりがちです。やっておいた方が良い基本的な内容だから、しょうがなくやるけど、できればやりたくない、と思ってしまい、英語の勉強を苦痛に感じてしまいます。

これが第1部でご説明した、「学びたい内容と学ぶ内容が合致しない」状態です。最初はやらないといけない、と思うので気合いを入れてがんばります。でも気合いは無尽蔵にはありません。少し経つと緊張の糸は切れてしまいます。

例えば天気の話。台風の前後に天気の話し方を教えると盛り上がります。「It was raining cats and dogs.（土砂降りでした。）」「I got soaking wet.（びしょびしょになっちゃいました。）」などの表現を学べるわけです。

でも普通の日が続いていて、とりあえず天気の話をしましょう、ということになるとすごくつまらなく感じてしまいます。上記のような表現を教えることもできますが、「今」にあまり関連性が

ないので、興味が半減してしまうのです。

先生「昨日は雨が降りましたね。何してましたか？」
生徒「家にいました」
先生「家で何をしていたんですか？」
生徒「特に何も」

先生「昨日は晴れていましたね？　出かけたんですか？」
生徒「家にいました」
先生「家で何をしていたんですか？」
生徒「特に何も」

　スターティングポイントが明確じゃないと、こういうことになってしまいます。

話すネタがあるから単語を覚えられる

　みなさんの頭の中には「単語を覚える」→「スピーキングの練習をする」という勉強の順番があると思います。
　実はこれ逆です。「スピーキング」というか「話したいネタ」があるから「単語」があるのです。つまりスピーキングありき。

　単語を学んで、ある一定のレベルの英語力がついたらスピーキング！　と思っている方は大抵、遠回りをしてしまいます。どういう遠回りか。
　例えば、英会話でよく使う英単語を片っ端から覚えようとしたり、Aから始まる単語を勉強したり。どちらも3ページぐらいまで行くと、あとどれくらいあるのかなと残りのページ数を数えた

りします。そして、運良く5ページ目までいくと、最初の4ページの英単語はほとんど覚えていないことに気がつきます。元々知っている単語は知っているけど、知らなかった単語は知らないまま。

　覚えてから使おうと思っているので、覚えるのに必死になりますが、大抵は忘れちゃいます。英語の勉強本だと「忘却曲線」というのがいつも話題になりますが、10個単語を覚えても1時間後には8割忘れると言われています。

　私はこれを「ページをめくると忘れているの法則」と呼んでいます。英語表現集などを読んでいると、ページをめくってどんどん先に進んでいきます。ちょっと止まって、前のページにあった表現を思い出そうとすると、1つも出てこない。

　みなさん、ページをめくった瞬間、すべてきれいに忘れているのです。なぜなら、興味がないから。

　単語の落とし穴は続きます。単語を100語ほど覚えたとしましょう。それ全部使って話せますか？

　ランダムあるいはAから順に覚えていった単語を使う会話をあなたは思いつくことができますか？　100個は多いですね。じゃあ、10個はどうですか？　100個覚えた単語から10個選んで話すネタを考えてみてください。

　10個でも多いかもしれませんね。じゃあ、5個ではどうですか？

　試しに今から、以下の単語を使いそうな会話を日本語で良いのでしてみてください。

interesting（興味深い）

unexpected（意外な）

extravagant（浪費しがちな）

wild（野性的）

peculiar（特異な）

けっこう難しいですよね。相当想像力がある方でないととてもじゃないですが、これらの単語を使って会話をしていくことはできません。たとえ日本語だとしても。しかも単語に合わせた話題を考えないといけないので、「会話」という観点から考えると本末転倒なんです。

多くの人は英単語を覚える際にこういう覚え方をしています。

単語から覚えると自分が使わなそうな単語までもれなく勉強します。しかも覚えるために何度も何度も勉強します。

英単語を覚える逆転の発想

では、このプロセスを逆転してみましょう。まずは話したいこと、話してみたいことを考える。次にその話題で使いそうな単語を調べる。そうすると、調べた単語はほぼその会話で使います。無駄がない。

前述した「直接学習」の考え方です。外国人に神社の話をしたいという設定、何となく覚えていますよね。

もう効率の悪い間接学習で単語を覚えるのはやめましょう！これからは効率の良い直接学習でドンドン英語力を高めてください！

Don't study harder, study smarter.

でも私は特定のトピックについてだけ話せるようになりたいわけじゃない。将来的には何でも話せるようになりたい。どんな会話にもついていけるようになりたい。だから今からたくさん単語

を覚えておいた方がいいんじゃないですか？　と思う方もいるでしょう。

　そりゃそうですね、今の内からたくさん単語を覚えて何の話にでも対応できるようになっておきたいですよね。それは可能です。あなたが習ったことを全て覚えていられるなら。しかもそれを1回目に習った時に全て覚えられるのであれば可能です。でも無理ですよね。

　では、どうすればいいか。

「何についてでも話せるようになる」ためには「話せるトピック」を1つずつ増やしていかないといけません。
それが「何についてでも話せるようになる」ために一番早い方法です。

　今までに私は何万人と英語学習者を見てきました。その中には「何についてでも話せるようになる」ために単語と文法を猛勉強していた方もたくさんいらっしゃいました。そういう方が一体どういうステップを踏んで勉強していたかお教えしましょう。かっこ内はかかる時間です。

1) すごい時間をかけて単語をたくさん学ぶ（半年〜1年）
2) すごい時間をかけて文法を全部学ぶ（半年〜1年）
3) 「話せるトピック」1つ目を決める（1分）
4) 「話せるトピック」1つ目で使う単語を調べる（1時間）
5) 「話せるトピック」1つ目で使う文法を学ぶ（1時間）
6) 「話せるトピック」1つ目完成（30分）

　まず1）単語や2）文法から入ると、すごく長い時間がかかっ

てしまうのはおわかりいただけますか？

1）や 2）から始めても、4）で結局また単語を調べたり、文法を学んだりすることになるんです。なぜそうなるかというと、人間の記憶力には限界があり、学んだことを全て覚えておくことはできないからです。思い出せなかったり、すぐに出てこなかったりでは、調べなければいけません。

1）と 2）のステップが 100％無駄だったというわけではありません。しかし 3）から始めることによって時間と努力を大いに節約できます。英語ではよくこういう表現を使います。

Don't work harder. Work smarter.

仕事を「もっとがんばる」のではなく、「もっと賢く」やろう。という意味の決まり文句です。

がんばるのは良いことなのです。1）と 2）でがんばる分の努力を 3）以降に注げば、半年から 1 年でかなりのトピックについて話せるようになります。あなたもこれからはぜひ、

Don't study harder. Study smarter.

まずは話せるトピックを増やしていく

英語であなたが話せることやトピックというのは、最低一度は英語で話したり、話す練習をしたりしたことがある内容です。

中級や上級の方がスラスラ話していることは大抵、以前に話したことがある内容です。以前に話したことがあることはスラスラ出てきます。でも、以前に話したことがないことはスラスラとは出てきません。

初心者や初級者の方が簡単なトピックでもあまりスラスラ話せ

ないのは、そのトピックについて今までに話したことがないからです。スラスラ話せない理屈なんてそんなシンプルなものです。

なので実は、中級の方も今まで話したことがないトピックというのはそんなにスラスラとは話せません。

実は、英語に限らず日本語も同様です。日本語だったら、大体どんなトピックでもスラスラ話せると思っていますよね？

じゃあ、今から5分間、家族愛について語ってください。隣にご友人がいると思って、話し始めてください。

どうですか？

何も話すことを思いつかないでしょ。「家族愛」って大事ですよね。ぐらいしか思い浮かばないと思います。話すことが思いつく方は、以前に家族愛について話したことがある方だと思います。家族愛について話す機会ってそれほどないので、話してくださいと突然言われても考えがまとまらないわけです。

英語も一緒です。以前に英語で話したことがないトピックは英語力が上がっても話せない確率の方が高いです。

あなたに必要なのは、まず話したいトピックを考えて、そのトピックを1つずつ話せるように準備していくことです。

ステップとしてはこうです。

1)「話せるトピック」1つ目を決める
2)「話せるトピック」1つ目で使う単語を調べる
3)「話せるトピック」1つ目で使う文法を学ぶ
4)「話せるトピック」1つ目完成

5）「話せるトピック」1つ目を声に出して練習（スムーズに言えるようになるまでひたすら練習）

「話せるトピック」をドンドン増やしていくと、今までに話したことがないトピックでも、スラスラとはいきませんが、考えながら話せるようになります。

なぜなら今まで「話せるトピック」をたくさん用意してきた中で、自分がよく使う表現を何度も書いたり、言ったり、見たりしているので、その中で使いそうな英語はスムーズに出てくるようになるからです。今まで言ったことがないような表現を言う時だけ考えながら話すようになります。

そしてその延長線上に「何についてでも話せる」という世界があなたを待っています。

トピック・マトリックス1で話したいこと、話す相手を決める

「話せるトピック」を増やすことはとても大事ですが、それがなかなか思いつかない方もいると思います。そういう方は2つの軸から「話したいこと」を考えると思いつきやすくなります。

1つ目の軸は「何を」話したいのか。
2つ目の軸は「誰に」話したいのか。

「○○さんに△△の話をしたい」というのがあれば話は早いのですが、そういう方は非常に稀です。片方だけでも思いつけば上出来です。

トピック・マトリックス1

何を(What)	誰に(To whom)
例:現地の人がよく行くバーやレストランを聞く	例:海外のレストランで隣に座った人

どちらもできるだけ具体的にしてください。「外国人」とか「日常会話」と書くとあまりにも漠然としていて、スターティングポイントとして成立しません。

トピック・マトリックス2で自分のネタを整理する

会話のネタは「出来事」か「人」が多いです。まずはこの2つについて、自分がどんなネタを持っているかを確認しましょう。

書き方は簡単です。「過去」の「出来事」で話したいこと、話してみたいことがあれば、そこにそのトピックを書き込んでください。「出来事」だけで思いつかない場合は、その下にあるサブトピックを参考に考えてみてください。「過去」の「仕事」で何か話してみたいトピックはないか、「遊び」で何か話したいことはないかなど、思い出しながら書き込んでください。

「現在」は最近や進行中のことでけっこうです。「未来」は予定でもいいですし、将来のことで考えていることがあればそれでもかまいません。

「人」も同じように「過去」「現在」「未来」のちょっと面白い人、この人について話してみたいという人を軸に考えてみてください。さらにサブトピックを軸に考えてみてもいいでしょう。

トピック・マトリックス 2

	過去	現在	未来
1) 出来事			
仕事			
遊び			
場所			
趣味			
ニュース系			
2) 人			
仕事			
遊び			
場所			
趣味			
ニュース系			

モノローグかダイアローグか決めて英語にする

　話したいことを決めたら、それをどのように話したいか決めましょう。モノローグ（ひとりでどんどん説明するタイプの話）か、ダイアローグ（2人とか3人で話すタイプの話）かを決めてください。

　　↓

　次に日本語でいいので、話したいこと、言いたいことをモノローグ調かダイアローグ調で書き出してください。

　　↓

　あとは、その書き出した日本語を少しずつ英語にしていけばいいのです。それがあなたのテキストになります。単語を調べたり、文法を確認しながら文章を作ってみてください（文法は第4部で説明していますので参考にしてください）。

「話す順番」を意識すれば会話量が増える

　ダイアローグの場合は質問形式で進めていけばいいので、会話を続けることはそれほど難しくないと思います。

　問題はモノローグです。多くの方は、このモノローグを作る時に何を書けばいいのかわからない！　と困惑します。会話でも同じで、何を話せばいいのかわからないから、結局先生や会話相手の質問を待ってしまうことになります。

　モノローグでも話すことを簡単に思いついて、会話でどう話せばいいかわかる手っ取り早い方法があるので、お教えします！

まず、**英語には物事を話す順番というものがあります**。日本語で言う起承転結のようなものです。

1) Introduction ——出だし
2) Body ——説明
3) Conclusion ——結論

後ほどライティングのセクションでも触れますが、私たちは英語を書く時はもちろん、話す時もこの流れで話しています。
あなたが英語を話す時はどうですか？　あまりこういう形や順番を意識していないと思います。この形を意識するだけで、実は会話量が相当増えます。

英会話の先生に「何を話せばいいですか？」と聞くと、「言いたいことをドンドン話してください！」と言われると思います。なぜ多くの英語圏の人はドンドン話せるのかというと、こういう形で話すように小学校高学年から教育されているからです。
厳密に言うと、書く時にはこの形で書きなさいと言われます。常にこの形を意識するので、書く時はもちろん、学校で発言する時や友達に何かを説明する際までこの形になってしまいます。
もちろん話す時に常にこの形を意識しているわけではなく、小学校高学年、中学、高校、大学とずっとこの形を意識してきたので、身体に染み付いてしまっているのです。

この形をもう少し具体的に説明します。各パートで私たちは、次のように話をまとめます。

> IBC メソッド
> ……ネイティブが英語を話す時の暗黙のスピーキングルール
> 1) Introduction －私は○○についてこう思います。
> 2) Body －なぜなら○○だからです。
> 3) Conclusion －だから私はこう思います。

　特に大事なのが、2) Body です。つまり「説明」です。1) Introduction で言ったことを説明しないといけません。

　例えば、1) で「嫌いな食べ物は納豆です」と言ったなら、2) では、なぜ納豆が嫌いなのかを説明しないといけません。匂いがダメとか、ネバネバが嫌だとか。そして納豆を食べてみた時のエピソードや、私のように「納豆を食べたら今日の食事おごってあげるよ」と言われても食べられなかったエピソードなどを交えると、さらに相手の理解が深まります。

　大事なのは相手がいかにあなたの話を理解できるかなので、そのためにできるだけ説明を加えないといけません。

　ではこの形を意識する人としない人とで、会話量、そして会話の質を比べてみましょう。

1) 意識していない人バージョン

　Aさん　「映画はよく観るんですか？」
　Bさん　「あまり観ないです」
　会話終了

2) 意識している人バージョン

　Aさん　「映画はよく観るんですか？」
　Bさん　「あまり観ないです。高校生の時は映画が大好きでよく観ていたんですが、最近は本を読む方が多いですね。原作の本

の方がそれが映画化されたものより面白かったりするじゃないですか。一度映画の原作の小説を読んだら、すごく面白くて、それ以来映画はあまり観なくなりましたね」

　英会話教室に通う方のほとんどが1）の会話をしています。一言返して終了。先生か会話相手から質問があるまで沈黙を守る。黙秘権を行使するわけです。
　独学されている方も1）になってしまっている方が多いと思います。一言、二言ぐらいしか出てこないので、もっと話せないといけないと思い、単語、文法、英語表現をまた勉強します。でも、この形で話すことを意識しないと、いくら単語、文法、英語表現を学んでも結局話せるようにはなりません。
　第5部（実践編）では、IBCメソッドで話す練習をしていただきます。お楽しみに！

先に結論を言わないと能力が低いと思われる

　相手に質問をされた場合、Introductionはその質問に対する答えになります。この「答えを先に言う」というのがとても大事です。英語は常に結論が先にきます。

　例えば、「I don't think that is Imran.」（あれはイムランではないと思います。）という文があります。英語だと否定が最初の方に来ていますが、日本語だと後の方です。「思います」を抜かしてみましょう。「あれ、イムランじゃないよ」この文に関して言うと、「よ」までどっちかわかりません。言い方にもよりますが、書くと「よ」までわかりませんよね。つまり日本語の文だと後半か最後に差し掛かるまで結論がわかりません。

英語はできるだけ結論を先に持ってくる言語なので、例えば、**「I don't think that is Imran.」を「I think that's not Imran.」とは言わないのです。**

一度「Yahoo! 知恵袋」でパスタについての質問を読んだ時に、英語と日本語の違いが本当によくわかりました。
質問は「パスタは消化に良いですか、悪いですか？」でした。
その質問に答えている方は、まずはパスタとはどういうものかを説明し出しました。そしてず～っと読んでいくと、最終的に料理の仕方にもよるという結論に至っていました。
日本語で読むとそれほど違和感がないのですが、これを英語にしたら、この回答者はコミュニケーション能力の低い人、または質問の意図をわかっていない人だと思われてしまいます。
例えば、先に「一般的には消化が良いとされているけど、料理の仕方にもよる」と言ってから説明するのであれば違和感がないのですが、結論を言わずに話を進められると話の意図がわからず、聞いている方は困惑してしまいます。なのでみなさんは必ず結論（答え）を先に言ってください！

Bodyでの説明は多ければ多いほど良い

なぜか英語学習者の方は、答えや説明をできるだけ簡潔にまとめようとします。できるだけ短く話すのが良いと思っているような印象を受けます。
実はこれ、逆です。
手短に簡潔にまとめられると、相手は「話したくないのかな」という印象を持ってしまうので、コミュニケーションの妨げになります。

日本語でも同じです。例えばあなたがご友人の紹介で会った人がいるとします。その人に何か聞いても、一言で会話が終わるとしましょう。あなたはその人に対してどういう印象を持ちますか？

あなた「仕事は忙しいですか？」
Bさん「その時々によります」
あなた「残業はけっこうあるんですか？」
Bさん「場合によります」
あなた「会社帰りにはよく飲むんですか？」
Bさん「たまに」

　どうですか？　Bさんは話したくないんだろうなという印象を受けませんか？
　英語でも、多くの方が同じことをしています。

先生　　"Is your work busy?"
あなた　"It depends."
先生　　"Do you have a lot of over time?"
あなた　"It depends."
先生　　"Do you go drinking after work?"
あなた　"Sometimes."

　私も英語を教え始めた頃、こういうシチュエーションを数多く経験しました。そして毎回、この人はあまり話をしたくないのかな？　という印象を受けました。
　でも英語を勉強している理由を聞くと、ペラペラになりたい、たくさん話したい、と言うわけです。

知っている単語さえ使おうとしていないのに、言えそうなことも言わないのに、ペラペラになりたいってどういう意味かな？といつも不思議に思っていました。まったくの初心者であればわかりますが、初級や初級〜中級の間の方もいらっしゃったわけです。でもみなさん大体一言で終わらせようとします。それじゃ会話の練習にならないよな〜といつも不思議でした。他の先生達もまったく同じことを言っていました。
「日本人って『話せるようになりたい』って言う割には話そうとさえしないよね？」って。

　特にみなさんがよく使う、「It depends.」なんかは、連発されると、「ごめんなさい！　もう声もかけないので許してください！」と言いたくなるぐらい**「うざいから話しかけないで」と言われているように感じる**こともあります。

　なんでかって？　だって、「It depends.」（場合によります。）って、当たり前じゃないですか。1日も欠かさずヒマなことなんかないだろうし、1日も欠かさず残業ってこともないだろうし。だからそんなことを聞きたいんじゃなくて、お互いの近況報告ってことなんですよね。近況報告は会話の基本です。それに対して「It depends.」と言われると、ダメ出しをされている気がして、けっこうきついものがあります。「It depends.」を連発されると、「わかりましたよ。私が悪うござんした。もう話しかけないので、機嫌直してもらえますか？」という気分になります。

　さてさて、大幅に脱線しましたので、話を本筋に戻しましょう。
　Bodyでは説明をしなくてはいけません。
　実は答え自体は「It depends.」でもいいのですが、その後にどういう風に「場合によるのか」という説明が欲しいです。普段は忙しくないけど、春先からゴールデンウィークまではめちゃく

ちゃ忙しいとか、事務スタッフがよく風邪をひくんだけど、その人が休むとその人の仕事を手分けしてやらないといけないから忙しいとか、そういう説明が欲しいんですよ。別に上手に言える必要はないんです。

ただ、「It depends.」で終わると、そういうことを言おうとする「コミュニケーションへの意志」さえも感じないから、話したくもなさそうなのに、ペラペラ話したいってどういう意味かな？と不思議ちゃん扱いされちゃうわけです。

ここまでの話で「説明」がいかに大事かわかりましたか？　では説明の仕方を説明しましょう。

説明で一番大事なのは、「Why?」や「What?」に答えることです。「なぜ場合によるのか」「何の場合によるのか」などを説明すると、それだけで「コミュニケーションへの意志」が見え隠れします。

そしてさらに説明を追加してください。

「Who?」「When?」「Where?」「How long?」「How far?」「How many times?」「How often?」などの質問をされているつもりで、ドンドン話していくのです。

そしてさらに「Examples」や「Episodes」を入れると、あなたの説明は完成します。

「Examples」というのは「例」です。例えば、好きな食べ物を聞かれたら、1つではなく、複数の例を出す方がコミュニケーションとして成立しやすいです。

そして「Episodes」は「エピソード」ですが、ここまで行けれ

ばもう言うことはありません。例えば、先ほどの事務スタッフの話であれば、その人が休んだ時にどれくらい大変だったかがわかるエピソードを言うと、相手に理解してもらいやすいです。

単純に、「事務スタッフが休むと残りの全員でその人の分の仕事をやらなければいけない」と言うよりも、「一度事務スタッフが休んだ時に、終電に間に合わず全員タクシーで帰るはめになったんです」というエピソードを付け加えることによって、相手がその状況をイメージしやすくなったり、理解しやすくなったりします。

コミュニケーションを深くするという意味で、エピソードは大変重要です。

よく英語で「深い話がしたい」と言う方がいますが、深いトピックかどうかよりも、コミュニケーションの質を深める方がはるかに大事です。そのために深いトピックよりも「エピソード」を付け加えてください。

Bodyのまとめ

Bodyでは、自分の答えや意見の説明をしなければいけません。まずは「Why?」や「What?」に答え、続けてできるだけ情報を付け加えてください。そして「Examples」や「Episodes」を付けて説明終了です。

外国人に1聞いたら10返ってきた！　という経験をされた方は多いと思います。なぜ1聞いて10返ってくるかと言うと、「Body」のところをしっかりとやっているからです。

外国人はよく話すとか、よく話す文化だとか言われますが、そういうことではなく、教育を通してそのように話すのが習慣になっているためです。そしてその習慣の裏には、相手にしっかり

と状況を伝えるという想いが詰まっているのです。正に「コミュニケーションへの意志」が詰まっているわけです。

Conclusionで話を終わらせる

Conclusionは結論ですが、「話の締め」として覚えておいてください。自分の話を終わらせる時や、話題が終わって次の話題に行く際には、「話が締まった」ということがわからないとなかなかスムーズに次に進むことができません。そのためConclusionが大事になります。

Conclusionには3つのタイプがあります。

1)「That's why（だから○○なんです）」などでスムーズに話題を終了させる
2) 質問をするか、された質問をし返す
3) 大阪人的なオチをつける

例えば好きな食べ物を聞かれたとしましょう。説明をして、例を挙げて、エピソードを言い終わったら、上記のどれか、または上記の組み合わせで話を終わらせてください。

1)「That's why」を使う時は例えば、「That's why I like natto.」（だから納豆が好きなんです。）とか「That's why I eat natto everyday.」（だから納豆を毎日食べるんです。）というふうに「That's why」の後に文を付ければ十分です。

2) は例えば食事の話であれば、「外食するんですか？」とか「料理するんですか？」などの関連した質問でもいいですし、話の流れで出たトピックでも大丈夫です。「How about you?」＋「相手

にされた質問」で質問し返すのもいいです。

3）大阪の方は常に会話にオチを求めるそうですが、英語でもオチを意識するとけっこう言えるようになります。私の英会話教室のH.K.さんという生徒さんは毎回話にオチをつけるように意識していたら、いつの間にか必ずオチをつけるようになりました。

これは能力やスキルの問題よりも、毎回オチをつけようと意識しているかどうかという話です。オチを意識すれば、オチを言うようになるし、意識しなければどんなにペラペラになってもオチをつけないままになります。そういうものです。

第5部でめいっぱいこの「Introduction」「Body」「Conclusion」を練習していただきますが、ここで軽めに練習して身体に染み込ませておきましょう。

Introduction, Body, Conclusionの練習問題

以下の質問に答えてみてください。話の内容が思いつきやすいようにガイドラインをつけています。

質問：What is your favorite food?

1）Introduction：（答え）＿＿＿＿＿＿＿＿＿＿＿＿＿＿＿＿

2）Body：質問に答えていくつもりで書き出してみてください。
（Why）＿＿＿＿＿＿＿＿＿＿＿＿＿＿＿＿＿＿＿＿＿＿＿
（Who）＿＿＿＿＿＿＿＿＿＿＿＿＿＿＿＿＿＿＿＿＿＿＿
（Where）＿＿＿＿＿＿＿＿＿＿＿＿＿＿＿＿＿＿＿＿＿＿

(When) _____
(How often) _____
(How far) _____
(How long) _____
(Examples) _____
(Episodes) _____

3）Conclusion：（結論、締め、質問、オチ）

_____

　今、この本を読んでいる間に必ず、上記の練習問題をやってください。頭で理解しても、実際にやってみるまで身体でわからないので、結局本当にわかったことにはなりません。物事を理解したり、コツをつかんだりするには何度も何度も実行に移さなければいけません。

　でも、99％の人は「後でやろう」と思い、どうせやらないんですよね。そして忘れます。そしてある日外国人と対面したり、英会話教室の先生と対面した時に、「話せない。単語から勉強し直そうかな」と思ってしまいます。

　今までもそうしてきた方が多いと思います。その負のスパイラルを今ここで断ちましょうよ。

　時間は3分でいいです。3分でいいので、上記をちょっとやってみてください。たったの3分であなたは負のスパイラルから抜け出せるんですよ！　さあ、その重い腰を、透かしっ屁をする要領で少しでもいいので、浮かしましょう！

スピーキングは練習すれば、すぐにコツがつかめます

　スピーキングは質問に答える練習をしていれば、5つ目か6つ目のトピックでコツがつかめてきます。こういう流れか、とかこういうふうに言えばいいのか、とかこれもっと説明できるな、とか思い始めます。よくあるパターンは、1つ目をやっている最中に言うことが思いつかず、「難しい」と言ってそこで止める人。

　そもそも1回目でできることなんかありません。自転車、車、スキー、スノボ、ゲームなど、どんなものでも1回目でパーフェクトにできることなんてありません。何度もやってみるからできるようになるのです。

　1つ目や2つ目のトピックでいちいち「難しい」と言って悩まないでください！　黙ってやればできるようになりますから。

「話したいことが特にない!」という方へ

　話し方はわかった。でも、話したいことがない場合はどうすればいいんですか？　という方もけっこういます。

　話したいことがない、言いたいことが特にない、という方には2通りあります。

　1つ目のタイプは、何となく流れというかノリで英語の勉強を始めた方です。いいんですよ、ノリで始めて。私だって流れというかノリで英会話スクールを始めましたから。

　こういう方は、英語が話せるようになればいいとは思っているのですが、実は他の目的をお持ちです。本人は気がついていないことが多いですが、**こういう方は色々な人と話して、新しい**

知識を得たいと思っていることが多いです。

　以前、外国人と話していて外国の知らない文化、考え方について知ることができ、楽しかった。もっと話せたらよかったな、と思った。あるいはテレビで外国が出てきた時、外国に行って色々な人と話したら楽しいんだろうなと想像してみたりした、という方が多いです。こういう方は「話したい」と思っているのですが、実は本当はもっとたくさん「聞きたい」んです。こういう方に今までたくさん会ってきましたが、彼らはほとんど話しません。ずっと相づちを打っているだけで、自分から話すことはほとんどありません。

　なぜなら、本当は英語が話せるようになりたいのではなく、もっとたくさん知らないことを知りたい、聞きたいと思っているからです。

　「英語で深い話がしたい」と言う方にこういう方が多いです。実際は深い話をしたいわけではなく、自分が知らないことや知らない知識を得たいという願望を持っているんです。

　こういう方は大体どんな勉強をしても、「なんか違うな〜」と感じます。そりゃそうですよね。新しいことを知りたいのに、天気の話とか、特に代わり映えのしない週末の話ばかりさせられるんですから。

　外国のちょっと変わった話をするととても喜ぶのですが、だからと言って話すわけではありません。ただ、聞いているのが好きなんです。でも英語を勉強している以上は英語が話せるようになりたい！　と漠然と思っています。

　こういう方はそのうち話せるようになればいいかなぐらいに思っていただいて、**最初はとりあえずはたくさん話を聞いて、コメントしたり、質問したりすることにフォーカスする方が得策です。**

まずはとにかくリスニングの勉強をして、新しいことに触れたらそれを理解できる、吸収できるリスニング力を身につけなければいけません。それを続けていれば、その内に自分でも話したいことが出てくるかもしれませんので、まずは聞くことに徹しましょう！

　２つ目のタイプは、自発的に英語の勉強を始めたのではなく、会社に言われて、上司に言われて、その他の誰かに言われて英語の勉強を始めた方です。基本的に英語を学びたいわけではなく、どちらかと言うと、学びたくないとさえ思っています。

　もちろん英語が話せた方が良い、あるいは話せないといけないのは確かですが、できることなら英語を勉強する代わりに同僚と飲みに行ったり、どこかに遊びに行ったりした方が良いと思っています。

　だから、英語で話したいこととか英語で話したい相手と言われてもまったく思いつかないのです。こういう方はどうすれば良いかと言うと、**ご自分が実際に英語を使うであろうシチュエーションを想定してください**。そしてできるだけ具体的に、誰と何の話をするようになるのかを考えてください。

　話したいことや話したい相手ではなく、話せないといけないこと、話さないといけないであろう人というふうに考えてください。そうすれば多少シチュエーションが思いつくはずです。

リスニングの勉強法

　リスニングの勉強は、ただ英語を聞くだけという方がとても多いです。この方法でも確かにリスニング力が上がりますが、相当時間がかかります。おそらく二桁は必要なのではないかと思います。10年や20年。そういう単位です。

　さすがにそんなに時間はかけられないという方には「発音」から入ることをおすすめします。**発音をマスターすることによって、リスニング力は急激に上がります。**

　リスニングの原理をご紹介しましょう。

　よく生徒さんは、ネイティブの英語は早くて聞き取れない、と言いますが、実は早いから聞き取れないのではありません。日本人の方がネイティブの英語を聞き取れないのは、英語の綴りと実際の音（発音）が違うからです。

　いつも使っている例でお見せしましょう。「What did you do last weekend?」（週末は何をしましたか？）という文章の場合、実際の発音は「Wadijudu las' weeken'」と大幅に変わります。

　3回ほど、「Wadijudu las' weeken'」を読んでください（「'」のところは音を止めます）。次に「What did you do last weekend?」を声を出してカタカナ読みしてください。

　音がかなり違いますよね。そうなんです、かなり違うのです。

　私たちが英語を話す時というのは、「Wadijudu las' weeken'」のように音を崩して話しています。でもあなたは「Wadijudu」

なんて聞いたこともないから、何を言われているのかわからないと思うはずです。どこからどこまでが1つの単語でどこで切れているかわからない！　と狼狽する方もいるかもしれません。

　そして何と言われたかわからないという方に「What did you do last weekend?」とホワイトボードに書いてあげると、「え？そんな簡単な表現もわからなかったのか。もっと英語を聞かないと」と思うわけです。そして英語をたくさん聞いているとある日、「Wadijudu las' weeken'」が「What did you do last weekend?」に聞こえてくると思っています。

　残念ながら、「Wadijudu las' weeken'」は何万回聞いても、「What did you do last weekend?」には聞こえてきません。だってそもそも「Wadijudu las' weeken'」と発音しているのに、「What did you do last weekend?」に聞こえたら、逆に怖いですよね。

　日本語で例をご紹介しましょう。例えば「おとうさん」。3つ目の音は「う」と書きますが、「お」と発音しますよね。「おとうさん」を何万回も聞いたら実際に「う」を「う」と発音する「おとうさん」に聞こえるようになりますか？

　何万回聞いても、ならないですよね。だってそもそも「おとおさん」って発音しているんだから。英語も一緒です。何万回聞いても「Wadijudu las' weeken'」は「Wadijudu las' weeken'」にしか聞こえません。

　リスニングのCDなどをいくら聞いてもリスニング力が上がらない一番の理由は、聞こえてくる発音を優先せずに、書いてある綴りを優先してしまうからです。つまり、「Wadijudu las' weeken'」と聞こえているのに、いやそれはおかしい。「What did you do last weekend?」と聞こえるはずだ、と思ってしまっているのです。

しかし、私たちが話す時は、単語と単語の切れ目はありません。単語と単語をくっつけて話しています。日本語もそうじゃないですか。日本語・も・そう・じゃない・ですか、なんて話し方しませんよね。単語と単語をくっつけて話しています。

英語も原則的には一緒。たまに「What did you do last weekend?」が「Wadijudu las' weeken'」と大幅に発音が変わるものもありますが、大幅に変わるものはそれほど多くはありません。発音に気をつかって英語を勉強していれば身につくものです。

これからは聞くだけではなく、発音するだけにしてください。そうすればリスニング力は急激に上がります。

can'tはキャントとは発音しません

綴りと発音が違う例をもう1つご紹介します。CanとCan'tです。私たちは単語の最後の「t」を止めて話すことが多いです。「t」を止めるというのは、「t」の音を最後まで出し切らないということです。ちょっと一緒にやってみましょう。

まずは日本語で「タ」と言ってください。舌が口の上に当たっていて、離れると「タ」の音が出ます。舌を離さないと音は出ません。舌を上に当てておくというのが、音を止めるということです。

そうすると、Can'tは「キャン」と区別しづらい音になります。聞いている方はCanなのかCan'tなのかわかりませんよね。なので、私たちはCanの方を少し発音を変えて話しています。**実は「Can」は「ケン」や「クン」と発音しています**（アメリカ発音、カナダ発音の場合です）。

英語にはこういった、綴り通りに発音しない音がたくさんあります。そういう単語を、発音を優先するのではなく、綴りを優先して聞こうとするので簡単な単語も聞き取れないのです。

このCanとCan'tの発音ですが、単語単位では「キャン」と「キャント」となります。辞書の発音記号もおそらくそうです。しかし、文のはじめか途中に来る場合は「ケン」や「クン」の発音になります。

英語がある程度話せるようになっている方も、こういう発音の違いで、会話の途中で話がわからなくなったり、話がややこしくなってしまうことがあります。

私も英語を教えたての頃、正にこのCanとCan'tで苦労しました。レッスンで一度カラオケの話になりました。私はまったく歌えないので、カラオケに行かないという話をしました。その時に「I can't sing.」と言いました。そうしたら生徒さん何人かが「Me too.」と言うのです。おお！　仲間がいた！　と思い、いかにカラオケが嫌かという話で盛り上がりました。

しかし、話が進むにつれて、おかしなことになってきます。なにやらその生徒さん達はよくカラオケに行くというのです。嫌いなのによく行くのか、大変だな〜と私は思っていました。

そして話はどんどん盛り上がっていきます。さらにみなさん、カラオケに行った時に何を歌うかで盛り上がっているのです。私を除いては。

そこで私は「さっき歌えないって言ったじゃないですか？」と聞くと、みなさん口を揃えて「え？　言ってませんよ」と言うわけです。私はもう目が飛び出るほど驚きました。

実は私の「I can't sing.」がみなさん、「アイ・キャン・スィング」

に聞こえていたのです。真逆の解釈だったわけです。

　思い返すとこの Can と Can't によく悩まされました。レッスン中に幾度となく「え？　さっきできないって言ったじゃん！」と思ったことがあります。
　生徒さんが「アイ・キャン・○○。」と言うと、「キャン」と聞こえるので、私たちは自動的に「Can't」だと思ってしまいます。そこで「ああ、できないんだ」と思う訳です。逆もまたしかり。私たちが「I can't ○○ .」と言うと、「キャン」に聞こえるので、生徒さんは「ああ、できるんだ」と思う訳です。
　私以外の講師もこの状況に困惑していました。誰もまさかこんな勘違いが起こっているなんて思わないので、講師控え室では、なぜ日本人は最初は「できない」と言ってから時間が経つと「できる」って言うんだろう？　という話がしょっちゅう出ていました。
　そこで多少なりとも日本文化がわかる私は、先生達にこう説明しました。
「日本には謙遜の文化がある。日本人は知り合ったばかりの人には何かが『できる』とは言わずに、『あまりできない』と言う。そして距離が縮まってくると、本当のことを言う」
　先生達はみんな納得していました。ちょっと面倒な人種だけど、文化的背景がわかると対応の仕方がわかると。
　そして我々講師陣はとんだ勘違い集団になってしまったわけです。

　この Can と Can't による勘違いは、ある程度英語をお話しになれる方でも気がつかないうちに起こっていると思います。または毎回のように先生に「Can or can't?」と聞き返される人もいる

と思います。

リスニングはとにかく発音練習をすれば上達する

　話をリスニングの勉強法に戻しましょう。リスニングを上達させるには私たちネイティブの発音を学べばいいのです。綴りではなく実際の発音を優先して覚えれば、リスニングはすぐにできるようになります。

　英語は闇雲にただ聞いていてもリスニング力が向上することはありません。確かに聞こえるようになりますが、すごく時間がかかります。それこそ何年もかかってしまいます。

　一般的にリスニングは1000時間やると英語が聞こえるようになると言われています。これは、留学した人がだいたい3〜4ヶ月で英語が聞けるようになってくることからそれぐらいに設定されているのだと思います。

　1000時間というと、1日3時間聞いて、1年程度です。1日1時間だと3年かかります。週に1時間程度だと……21年かかります。

「何年も英語の勉強をしているのですが、なかなか英語が聞き取れるようになりません」というご相談をよく受けます。話を聞いてみると、ここ5年で合計250時間程度勉強している計算になったりします。けっこういってるじゃん、と思うのですが、あと15年がんばらないといけない計算になります。

　留学に行った方はこの1000時間を3〜4ヶ月でこなすわけなので、5年間で250時間程度ですと、どうしても密度が薄くなります。実質15年どころか、2倍の30年、3倍の45年、とどれくらいかかるか正直わかりません。

　発音から入ると、実際には1000時間も必要ありません。要は

私たちの発音がわかればいいだけのことなので、極端なことを言うと、発音を学んだ1つ1つの表現はその瞬間から聞き取れるようになります。

「What did you do last weekend?」を「Wadijudu las' weeken'」と発音することがわかれば、次回から先生や外国人に「What did you do last weekend?」=「Wadijudu las' weeken'」と言われたら、何と言われているのかわかります。

CanとCan'tの発音が理解できれば、次回どちらかを言われた際に勘違いしてしまうことはありません。

このように1つずつ英語表現の発音を学んでいけば、今までの何倍ものスピードでリスニング力が向上します。

「リスニング向上には映画を観ると良い」は都市伝説

リスニング力を上げるためには映画を観ると良いとアドバイスを受けたことがある方はけっこう多いと思います。実はこれ嘘です。嘘というか、都市伝説みたいなものです。

英語力を上げるためには映画や海外ドラマが良いとアドバイスをするのは大抵中級レベルの方です。中級レベルの方が初心者や初級レベルの方にそういうアドバイスをします。でも、実は中級以上の方と初心者や初級者の方では、映画の使い方がまるで違います。

大抵の中級、上級の方というのは、映画や海外ドラマを観て、出てくる英語表現を覚えています。「こういう時にはこういうふうに言うんだ」「こういう表現を使うんだ」と考えています。そしてある程度リスニングができるので、あまり聞いたことがない英語表現が出てくると、発音もついでに覚えるので、リスニング

もできるようになります。

初心者、初級者はどうかと言うと、ただ聞くだけ。最初は特に聞こえないので、とりあえず何度か聞いてみるという方が多いです。何度かとは言っても、ほとんど聞き取れない内容なので、早い段階であきらめる方が多いです。

よく日本語字幕を出した方がいいのか、英語字幕の方がいいのかという質問を受けます。中級、上級であれば別にどちらでも良いです。初心者、初級者であれば、そもそもそんなふうに勉強しない方がいいというのが本当のところです。

中級、上級の方はぜひ映画や海外ドラマを観て、新しい英語表現、ナチュラルな英語表現を身につけてください！

通勤中のCD流し聞きは何の足しにもなりません

時間がないので、とりあえず通勤中に英語のCDを聞いています、という方は大変多いです。こういった英語のCDは、内容を理解していないのにただ聞いているだけでは、正直に言って何の足しにもなりません。SMAPの日本語の曲を聞いているのと同じぐらいしかリスニング効果は得られません。

ただし同じCDでも、内容がわかるものを発音重視で聞いていれば話は違います。発音をまねしたり、この表現の本当の発音はこうか、などと考えながら聞いていれば効果絶大です。しかし、何と言っているかわからない英語をただ聞き流しているだけでは効果はありません。

いやいや、イムちゃん、そんなこと言うけどね、ずっと聞いていると少しずつ聞こえてくんのよ、って言う方もいるかもしれません。

そういう人に私は言いたい。だから、おっさんさ、俺が言いた

いのは、ずっと聞かなくても、発音練習すれば、少しずつじゃなくてガッツリ聞こえるわけよ。なんで時間がかかることにそんなにこだわるの？

CDは「日本語」→「英語」のものを選ぶ

　CDを聞く理由がリスニング力をつけるためではなく、英語表現を覚えるため、という方もけっこういますね。大変よろしゅうございますよ。ただ聞くだけではなく、英語表現を覚えて、使ってやろう！　という意気込みが聞こえてきそうです。

　CDで英語表現を聞いて覚えるというのはとても良いのですが、実はやり方を間違えるとまったく効果がありません。その間違ったやり方というのは、「英語」→「日本語」の順番のものを聞くこと。これは絶対にダメです。

　聞くのであれば「日本語」→「英語」で聞いてください。その方が記憶に残ります。

「英語」→「日本語」だと例えば、「I haven't decided.」の後に「まだ決めていません。」という日本語が流れます。聴いている人がどういう思考になっているかと言うと、こんな感じです。
「I haven't decided.」（まだ決めていないとかそんな感じかな）
→「まだ決めていません。」（当たった！）

　ここで、じゃあ「まだ決めていません。」って英語で何て言いますか？　と聞くと、実はほとんどの方が困ります。出てこないんです。出てこない理由は至ってシンプルです。**人間は一方向の記憶は得意だけど、逆方向の記憶は不得意だから。**

　プロのピアニストやプロダンサーに、決まった曲や踊りを逆に弾いたり踊ったりしてください、とお願いしたらどうなると思い

ますか？ できないって言います。一方向にしかやったことがないから、曲もダンスも覚えているけど、逆にはできません。

　英語の勉強でも一緒で、CDが「英語」→「日本語」の順番で流れた場合、ほとんどの方が日本語は覚えていますが、その前の英語は出てきません。記憶を逆方向に辿るのは難しいので、戻れないんです。

　これには簡単な解決法が2つあります。
　1つは「日本語」→「英語」の順番で入っているCDが付いている本を買うこと。これはなかなかありません。最近の本で言うと、森沢洋介さんの『どんどん話すための瞬間英作文トレーニング』（ベレ出版）という本のCDが「日本語」→「英語」の正しい順番で入っています。難点としては「いつ使うのかな」と思うような表現が多いこと。それでも英作文を作るトレーニングになるし、「英語」→「日本語」の順番のものよりははるかにプラスに働きます。

　日本語で売られているCDのほとんどは「英語」→「日本語」ですので、購入する際は気をつけてください。

　もう1つの解決法は「英語」→「日本語」の順番で流れた後に必ず英文を言うように心がけること。そうすれば、「日本語」→「英語」の流れを自分で作れます。しかもアウトプットするわけだから、さらに覚えやすくなります。

　既に「英語」→「日本語」のCDをたくさん持っている方は、2つ目の方法が、以前に買ったものを無駄にせずに済みますので、おすすめです。

教材は何でもいい

　発音を重視して使うのであれば、教材は何を使ってもかまいません。どれも内容は似たり寄ったりなので、それほどこだわらなくても大丈夫です。気をつけることは2つ。1つ目はその本に自分が知っておきたいと思える表現がたくさん入っているか。この表現使ってみたい！　と思えるような英語表現が比較的多いものを選んでください。そうすれば間違いありません。

　もう1つは、自分のテンションが上がる表紙か著者であること。どうでもいい表紙よりも気に入った表紙の方がテンションが上がりますし、好きな著者の方がテンションが上がります。

　しつこいようですが、聞くだけではなく、発音の練習をしてください。聞いているだけではまったくと言っていいほど効果がないので、必ず発音優先で教材を使ってください。

　しつこいぐらい言ってますけど、1ヶ月もするとこの本を読んでいるあなたもまた、聞くだけの勉強法に戻る可能性がとても高いです。

　なぜそんなことがわかるのかと言うと、みなさんそうだからです。全員ではありませんが、過半数は間違いなく、逆戻りします。

　以前、こんな方がいました。その方はある日、私の英語講座（ブートキャンプ）に参加されました。その講座ではいかに発音が大事かを力説しました。これでもか、これでもか、というぐらい発音の重要性を説き、いかに聞くだけの勉強法が時間と労力の無駄かをお話しました。そして実際に発音練習をして、リスニング力が短時間で向上することを確認していただきました。

　半年後、その講座に参加された方とお会いする機会がありまし

た。最近英語の勉強どうですか？　とお聞きすると、こんな返事が返ってきました。

「毎日電車で英語の CD を聞いているんですが、なかなかリスニング力が上がらないんです」

　私の中で一瞬、時が止まりました。

「……発音練習はしてますか？」
「いいえ、していません」
「聞いているだけ？」
「まあ、電車の中なので、そうです」
「発音してないんですか？　ブートキャンプでリスニング力を上げるためには発音してください、って言ったの覚えていますか？」
「ん〜。なんかそんなこと言っていたような気もしますが、ちょっとうろ覚えです」

　そんなこと言っていたどころか、それしか言ってないよ！！！
　2 時間ず〜っと発音のことしか言ってないよ！！！
　このすっとこどっこいが！

　と、私は心の中で叫びました。

　ほとんどの方は新しいやり方を習っても、遅かれ早かれ昔から慣れ親しんでいる勉強法に戻ります。せっかく正しい勉強法を学んだんですから、逆戻りしないでくださいね！

周波数より「単語のつながり」と「母音」

　日本語と英語で使う主な音域の周波数は違うそうです。英語の方が高く、日本語の方が低いです。一般的に英語の方が低いと思われたり、低い声で話すと英語っぽく聞こえると言われていますが、実は逆です。ちょっと高めの声で話した方が英語っぽく聞こえたり、外国人にとって少しわかりやすくなります。

　よくハリウッドスターが日本に来て舞台挨拶をする時に、「こにちは」とか「ありがっと」とか言いますよね。そういう時に「声たか！」と思ったことはありませんか？

　なぜ声が高いと感じるかと言うと、英語の高い音域のまま日本語を話すので、いつも聞いている日本語の発音よりも高く感じるわけです。

　日本人が英語を聞けない理由にこの「周波数の違い」がよくあげられます。周波数の違いも多少は影響しているかもしれませんが、周波数の違いよりも重要なことが他に2つあります。

　1つは「What did you do last weekend?」でご説明した、単語と単語のつながりから生じる発音の変化です。これと比べると周波数の違いなんてミジンコレベルの問題なので、先ほどの単語と単語のつながりを第一に発音練習をしてください。

　もう1つは、英語と日本語の母音の違いです。英語には日本語にない音がいくつかあります。英語と日本語の違いでL、R、Thなどの子音がよくピックアップされますが、**実は母音の方が大事**です。

　日本語は「ん」以外の全ての音に母音がついています。「バ」(ba)

は「a」、「カ」(ka) も「a」があります。そして「ン」(n) にはありません。

　英語では、母音が続かない子音をたくさん使います。「strange」（変な）は「s」の後にも、「t」の後にも母音が入りません。

　日本人の方が日本語発音でこれを言うと、「ストレンジ」になるので、英語で書くと、「sutorenji」となります。原型を留めていませんよね。なので外国人からすると、響きがまったく違い、聞いたこともない単語に聞こえます。

　日本人は外国人の日本語を理解できるのに、なぜ外国人は日本人の英語が理解できないのか、という質問をよく受けます。確かに、外国人ががんばって日本語を話しても大体わかりますよね。でも日本人の方が外国のレストランで注文すると、簡単な単語も聞き取ってもらえないことってありますよね。

　これには母音が大きく関係しています。

　前述した通り、例えば、「strange」は「sutorenji」になります。そうすると、外国人にとってはまったく違う単語として聞こえます。日本人の方が英語を話す際は、本来母音のないところに母音を入れるので、まったく違った単語に聞こえます。

　外国人が日本語を話す時は、実は日本語っぽく母音をちゃんと入れて話しています。だから外国人の日本語はわかるのです。

　例えば、「ありがとう」にしても、「ありがっと」（Arigato）と全ての音に母音が入っています。だから、「ありがとう」と言っていると認識できるわけです。

　この「ありがとう」を英語っぽく母音を抜かして言ってみると、日本人の方も「ありがとう」と認識できなくなります。文字だと伝わりにくいのですが、「Argat」というような感じになるので、母音を抜かして言われたら、日本人の方は、何を言われているか

認識できません。「アルガトゥ」って何かなと考え込んでしまうでしょう。

このように、母音のあるなしがリスニングにはとても大きく影響します。なので、周波数などを気にするよりも母音の発音、そして単語と単語のつながりをしっかりと意識してください。この2つをおさえれば、リスニング力は急激にアップします。

発音の勉強法

　発音を学び、練習する際は必ず下の2つを頭に入れておいてください。(※当たり前ですが、発音の勉強法はリスニングと通じるところが多いので重複があります。ご了承ください)

> 1) 単語は全てくっつけて発音する
> 2) 母音がない時は母音を発音しない

　単語を全てくっつけて発音するとネイティブっぽく聞こえますし、母音を入れないで発音するとこれまたネイティブっぽくなります。

　こういった単語と単語のつながりや母音の発音はどのようにして学ぶかというと、とても簡単です。聞こえた通りに発音すればいいのです。これは難しいようで、実はそれほど難しくありません。発音にこだわりすぎなければね。

　聞こえた通りとは言っても100％聞こえた通りである必要はありません。7割、8割ぐらい近ければ十分です。

　大体、イギリスとアメリカでも発音は違いますが、イギリス国内、アメリカ国内でさえ色々な発音があります。**つまり100％正しい発音などそもそも存在しません**。だから100％正しい発音にこだわる必要は万に一つもありません。7割、8割程度近ければ、それで十分です。

　発音を学ぶために、発音記号を参考にする方もたまにいます。でも発音記号は、ある程度しか参考になりません。なぜなら、実

際の発音は発音記号の通りではなかったりするからです。もう少し詳しく言うと、単語は単語単位であれば、発音記号と同じか近い音で発音しますが、文に入ると音がけっこう変わったりするからです。「Can」と「Can't」は良い例です。

だからせっかく発音記号で単語の発音を覚えても、文に入った途端音が変わるので、発音記号で覚える意味はほとんどありません。発音記号は読み方がわからない単語の読み方を確認するために使う程度で良いです。

しかし**一番良いのは「単語単位」ではなく「文単位」で発音練習をすることです**。会話というのは、単語単位ではしません。必ず文単位で話します。なので単語で覚えるよりも文で覚えてしまった方が理にかなっているわけです。

もし、CD付きの英語本をお持ちなら早速その本のCDを聞いて、英語表現を聞こえた通りに発音してみてください。最初は慣れないかもしれませんが、練習しているうちにコツがつかめてきます。何事もそうですが、最初の方は難しいと感じます。でも続けていると慣れてきますので、慣れるまで続けてください！

発音でリスニングがさらにアップします

単語と単語をつなげて発音練習をしていると、「単語と単語はつながっている」という意識が徐々に芽生えてきます。そうなると今度は、「この表現はどういうつながりなんだろう。こうかな？」とまで考えるようになります。

この域に達すると、もうリスニング力アップに歯止めがきかなくなります。リスニング力がアップするだけではなく、先生の使うナチュラルな英語はもちろん、外国人が使うナチュラルな英語

も聞き取れるようになります。

　実はリスニング力が上がるということは、総合的な英語力の向上につながります。リスニング力が低いと、とりあえずがんばって聞くことに必死になります。聞くのに必死になる分、新しい単語や英語表現を学ぶ余裕がなくなります。リスニングが普通にできてくると、新しいものを学ぶ余裕も出てきます。

　他の例で考えてみてください。
　今日は初めてのプレゼン。緊張します。頭の中は自分が話す内容でいっぱい。先輩からはアイコンタクトを全員としなさいと言われたけど、実際にプレゼンが始まるとそんな余裕はありません。緩急をつけて話すようにとアドバイスされましたが、内容でいっぱいいっぱいなので、そんな余裕はありません。単調に単調に話を続けます。
　これが一転、アイコンタクトをする余裕が出て、緩急をつけるだけの余裕も出てきたら、どの話でクライアントが「なるほど」と思ったか、どの話にはあまり興味を示さなかったかまでわかるようになります。
　車の運転もそうですよね。最初は前の車と信号を見るくらいの余裕しかないですが、運転に慣れてくると、バックミラー、サイドミラー、そして違法なのでダメですが、携帯を見てしまう余裕さえ出てくる。
　英語も同様で、余裕が出てくると、他のところに色々と気を配れます。新しい英語表現もドンドン吸収できるわけです。
　発音練習を重ねてリスニング力をつけて、英語力をドンドン上げていきましょう！

ビジネス英会話の勉強法

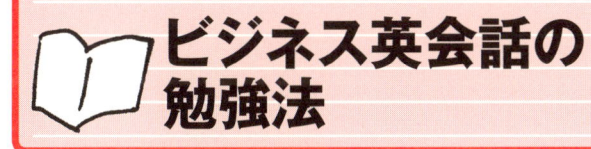

　ビジネス英会話を学ぶ際は、目的に合わせて学んでください。よくいるのは、とりあえずビジネス英会話を一通り学べば通用すると思っている方です。なんかよくわからないけど、ビジネス英会話というものを学べばメールも書けるし、来客応対もできるし、ミーティングもできるようになる、と考えている方がとても多いようです。

「簿記を学べば簿記関係の仕事がスラスラできるようになる」という感覚に似ていると思います。実際はどうでしょう？　簿記の資格を持っていても、経験がない人は手際が悪かったりします。簿記の勉強をしたからといって、すぐに仕事ができるわけではありません。

　英語もまったく一緒。勉強しても、経験が伴わないと、使い物になりません。日常英会話もそうですが、ビジネス英会話はそれ以上に「知識＋経験」でしかレベルアップしません。

　ビジネス英会話の本ではよく、色々な場面が想定され、それらの場面で使う英語が紹介されています。来客の時の英語とか電話対応とか。こういうものを学ぶのはいいのですが、「一応学んでいる」という方がすごく多いです。「一応」というのはどういうことかと言うと、社内で自分はお客さんを迎えることはないんだけど、一応やっておいた方がいいかなとか、自分は電話対応はしないんだけど、一応やっておこうかな、ということです。

　気持ちはわかるんですが、それよりも実際に使いそうな英語を

調べたり、自分が英語で言いたいことを調べたりする方が何倍も意味がありますし、実際に身になります。

日常会話もそうですが、特にビジネス英会話で重要なのが「想定力」です。自分が英語を話す状況をできるだけ細かく、正確に想定して、その状況で使うであろう英語を学ぶ。ビジネス英会話を学ぶ際には特にそれが大事になります。

正直に言っちゃいますけど、「一応」勉強したものって、その状況が来ても出てきません。だって、勉強している時に「一応やっておくか」程度にしか思ってないですもん。そんなものをあなたの脳が大事に記憶としてとっておくわけがありません。

もし自分が英語を使う場面を想定できないのであれば、想定できるようになるまで、ビジネス英会話よりも日常会話力を鍛えることをおすすめします。

ビジネス英会話で本当に大変なのは会食

私の教室にもたくさんのビジネスパーソンがいらっしゃいます。みなさん仕事上で使う英語ももちろん学ばれますが、実は一番困るのが会食だそうです。

仕事上ではお互いに対してある程度の理解があるし、専門用語を使ったり、自分よりももう少し英語が話せる人をミーティングに入れれば、なんとでもなります。しかし、ミーティング後の会食では当然仕事の話を外れて、プライベートの話もしますし、最近の出来事、ニュースの話など、けっこう幅広い話に展開していきます。

実は「ビジネス英会話」で一番困るのはここだそうです。

そうなってくると、結局英語力というか、「説明力」が必要になるわけですが、それ以前にネタ力がとても大事になります。話すネタがないと、話せませんからね。

もちろんレベルによるところも多いですが、**今後ビジネスで英語を使っていきたいという方は、英語力と一緒にネタ力も必ず上げていくようにしてください**。そうじゃないと、あの人は仕事の話はできるけど、それ以外の話はできない人というレッテルを貼られてしまいます！

で、結局ビジネス英会話は何を学べばいいの？

まず大事なのは、現状で英語を使っているのか。例えばメールのやりとりは英語でしている、ということであれば、幅広く学ぼうとするのではなく、相手から来たメールで使われている英語表現をメモっておいて、自分のビジネス英会話ノートにまとめる。そしてそれを使う、ということをとにかくやってください。

書きたいけど書けないことがあれば、英語ができる人に聞いてください。できるだけ、元々バイリンガルな人とか、日本語が堪能な外国人に聞いてください。自分よりもできるからと日本人の方にお願いすると、英語が間違っている可能性もあります。実際に、「会社で私よりも英語ができる人に聞いたら、こういう表現を教えてくれたんです」と言うので見たら、間違っていたということが何度もありました。そうなってくると、教えてくれた人の英語力を疑うことになってしまいます。そして信用できなくなってしまうので、避けた方が懸命です。

とにかくそれを続けていれば、英語力はついてきます。こうい

う学び方をすると「知識＋経験」になるので、身になります。

　よく外国人からの電話を受けるという方は、とにかく電話対応の時の英語を覚えて、使ってください。あなたに必要なのは電話対応をスムーズにすることだけです。変に来客時の英語とかを勉強すると混乱が生じます。この表現は電話でも使えるのかな？とか考え出すときりがないので、やめましょう。

　現在、英語を仕事で使っていない方は、まずは日常会話をやりましょう。

　仕事で出会った人だったら、こういう話をするかな、こういう話をしたいな～という想定をして、そのトピックについて話せるようになっておきましょう。

　ビジネス英会話を知識として学ぶより、日常会話をすることに慣れた方が、後でいくらでもビジネス寄りに修正が利きます。先にビジネス英会話の知識だけ学んでも、使う前から忘れるし、日常会話に応用が利かなくなるので、相当効率が悪くなります。

ビジネス英語は日本語を話せる先生に学びましょう

　会社で英語研修を行っているケースも多いです。一番多いのは日本語が話せない先生がレッスンを担当するケースです。

　特にビジネス英会話のレッスンでは、日本語が話せない先生のレッスンは、レベル問わずおすすめしません。なぜなら、ビジネス上のコミュニケーションというのは時に微妙なニュアンスを含んだり、微妙なニュアンスを表現したいということがよくあるのですが、**日本語がわからない先生には、そういったニュアンスを確認することができないからです。**

例えば、いつも支払いが遅れる会社に対して、「ちょっと怒った感じで注意をしたい場合」と「特に怒っていないけど今月も支払いが遅れているので早くしてね、と言いたい場合」に、日本語がわからない先生相手だと、どう聞けばいいのかさえわからないと思います。

　ビジネス英会話を学ぶ際は結局業務に直接的に関係があることを知りたい、学びたいというのが、一番だと思います。でもそれを聞けない、確認できないとなると、死活問題となります。だからビジネス英会話の講師は日本語がわかる講師でないと本質的には務まらないと言えます。

　英語が堪能な上級の生徒さんだけのレッスンであれば、日本語ができない先生にもそういった細かいニュアンスを確認することができるかもしれません。でも初心者から中級までですと、正直難しいです。なぜなら聞きたいことが英語でしっかりと表現できないかもしれないからです。

　自分が中級だという方は、例えば、「ちょっと怒った感じで注意をしたい場合と、特に怒っていないけど今月も支払いが遅れているので早くしてね、と言いたい場合では、どう言い分ければいいですか？」と英語で聞けますか？

　聞けるのであれば、日本語がわからない先生にレッスンを受けてもいいと思います。でも、聞けない場合は、逆にあなたに聞きたい。そのニュアンスはどうやって確認するんですか？

　実際、私の教室の講師2名がとある会社にてビジネス英会話を教えています。レベルが高くなればなるほど、生徒さんは英語の微妙なニュアンスを聞いてきます。こういうふうに言いたいんだけど、これで言いたいことのニュアンスは伝わるか、きつすぎ

ないかなど、細かいところまで知りたがるのです。

　特にビジネス英会話であれば、英語をバリバリ使っている人ほど、そういうことを確認します。中には英語だけで確認できる人もいますが、しっかりと日本語で確認する方のほうが多いです。理由は、ビジネス英会話では、日常英会話よりも自分の意図を正確に伝える必要があるからです。

　もし、こういうことが言いたい、こういうことを伝えたい、ということがあるのであれば、会社が日本語を話せない先生の英語研修を提供していたとしても、自腹を切ってでも日本語のわかる先生に英語を習うべきです。そうする以外にあなたが自分の意図を正確に伝える術を学ぶ方法はありません。

　そして、そこで学んだ英語を会社の英語研修の場で使うのです。英語オンリーの先生からは新しい英語表現などはあまり習えませんが、自分の英語を使う絶好の場です。しかも、英語研修は会社が費用を持つ場合が多いので、タダで自分の英語が試せるわけです。英語を使う機会なんてそうそう恵まれるものではありません。ぜひそのラッキーをしっかりと有効活用してください！

リーディングの勉強法

　リーディングの勉強はひたすら英語を読むしかありません。読み方は2つあります。

　1つ目はとにかく意味がわからなくても、読み続けること。このリーディング学習法にはちょっとした問題があります。それは読んでいる英語の意味がわからなくても、読み続けるだけのストイックさが必要だということです。「読むだけ」と聞くと簡単そうですが、実際にはすごいストイックさが必要なのです。

　もう1つの方法とは、本でも記事でも、読んでいてわからない単語があったら調べながら読むというやり方です。このやり方だと進むのがすごく遅いのですが、わからない単語を調べずにただ読み進めていくよりも勉強になります。

　まず、新しい単語が学べます。そして今まで知らなかった英語表現が学べます。さらに読んでいるものの意味を理解しながら進めるので、「わからない！」というストレスはありません。

　どちらの方法にするかを決める際は、あなたにとってよりストレスのない方を選んでいただくことが得策です。

頭から日本語に訳す、これしかない

　リーディングの勉強をしたい方は、大きく3タイプに分かれます。

1) TOEIC® の点数を上げたい方
2) 英語新聞や英語の雑誌、英語のブログなどが読めるようになりたい方
3) 仕事上の英語メールを読めるようになりたい方

　勉強法としては先ほどの2つがありますが、読み方に関しては基本的に1つの方法しかありません。それは英文を頭から順に頭の中で日本語にしていくことです。
　例えば、以下の文章を頭から日本語にしていってください。特に難しい単語は入れていないので、難しくないはずです。

I try not to go out on Sundays, because I usually have work on Mondays. But, when I have to, of course, I go out. The other day, I ran out of toilet paper, so even though it was a Sunday, I went to the supermarket to buy toilet paper.

（私はしないようにしています、出かけることを、日曜日に、なぜなら私は普段仕事があります、月曜日に。でも、しなければいけない時は、もちろん、出かけます。先日、切れました、トイレットペーパーが、なので、にもかかわらず日曜日、私は行きました、スーパーに、買いに、トイレットペーパーを）

　こうすることによって「英語の語順で理解すること」ができるようになります。頭からやらないと、みなさん文を行ったり来たりします。ここはこれだから、こっちにかかって、こういう意味になるのかな。じゃあこっちの単語はこっちの単語にかかるから……などと一文にすごく時間がかかるわけです。
　そして、日本語の語順に直してきっちりと理解しようとするので、すごく混乱します。上記の文でさえ、途中に「not」や「even

though」が出てきて、どこにかかるのかがよくわからないために、結局「出かけたのかどうかさえよくわからない！」という状況になります。

英語はそんなに複雑ではありません。特にTOEIC®や仕事上のEメールはこの方法でほぼ問題なく理解できます。新聞もそうですし、雑誌も同様です。ただ、ブログなどは口語調で書かれていることが多いので、わかりづらいかもしれません。

英語の文を、一文1〜2回読む程度で理解できるようになれば、リーディングのスピードのみならず理解力も増します。TOIEC®で言うならリーディング・パートで時間が足りなくなるということはなくなります。余裕の面持ちで終了時間を待つことができるでしょう。

たまに英語を日本語に訳してはいけない、英語は英語のまま理解しないといけないと言う方もいますが、ナンセンスです。上級レベルでない限り日本語に訳して理解した方が早いし、正しく理解できます。

英語が英語だけで理解できるようになるのは、英語学習の「結果」「目的」であって、「手段」ではありません。最初は日本語で理解して良いのです。日本語で理解していると、そのうち、英語のみで理解できるようになってきます。

いつもお話するのが「How old are you?」の例です。「おいくつですか？」って英語でなんて言うんだっけ？　と悩まなくても、日本語を介さなくても英語で出てきますよね。
これはなぜか。「How old are you?」は何度も聞いたり、書い

たり、言ったりしているから英語のみで出てきます。何度も聞いたり、書いたり、言ったりした「結果」、英語で出てくるようになっているわけです。

「英語オンリー」を手段にすると、英語で考えないといけないことになるのですが、**英語がわからないのに英語で考えられるわけがありません**。鉄棒がないのに逆上がりをしろ！　と言っているようなものです。

みなさんも覚えた英語をたくさん聞いたり、書いたり、言ったりしていれば英語のみで出てくる英語表現が増えるので、これからは適度なインプットとたくさんのアウトプットをしていきましょう！

ライティングの勉強法

　ライティングの勉強は当然ひたすら書くことが軸となります。ライティングの目的にもよりますが、ライティングにはある程度の英語力が必要です。

　例えばビジネスEメールを書くのか、論文を書くのか。ライティングというと、大体この2つになるかと思います。

　Eメール程度であればライティングの内に入らないので、ここでは触れません。ビジネスEメールの書き方の本はいくらでもあるので、そちらを見てください。

　本書では何かしらの長めの文章を書かなくてはいけない方のためのライティングの方法をお教えします。

IBCメソッドにそって書く

　ライティングには決まった形があります。日本語を書く時に起承転結を意識するように、英語では「Introduction」「Body」「Conclusion」という3つのパートを意識しなければいけません。そうです、スピーキングと同じです。

　「Introduction」は出だしですが、英語だと「Introduction」で「Conclusion」(結論)を言わないといけません。なので、**英語のライティングでは「最初と最後が同じ」でないといけません**。まるっきり同じではダメですが、基本的には同じようなことを言っていないとライティングとして成立しません。

　そして「Body」はとにかく説明しないといけません。

なので、流れはこうです。

1)（Introduction）私は○○についてこう思います。
2)（Body）なぜなら○○だからです。
3)（Conclusion）だから私はこう思います。

すごくシンプルにするとこういう流れになります。

論文なら、論文全体を通してこういう形になっていないといけません。また、**段落ごとにもこういう構成になっていないといけません**。かっこ良く見える単語や表現よりも、この構成になっているかどうかの方が重要なのです。

私は大学院で、色々な論文や文献を読まなくてはいけませんでした。ある授業で、良い書き方と悪い書き方の見分け方について学びました。その中には難しい言葉や表現は特に使っていないけど、すごく筋が通ったものもあれば、難しい言葉や表現を使っているけど、話の筋がまったく見えないものもありました。英語のライティングでは、前者が「良い書き方」です。

大学院に限らず、大学や会社でも結局のところ「わかりやすい」かどうかが焦点になるので、難しい言葉や表現よりもこの構成にすることに注力してください。そうすれば、必ずや良いライティングだと褒められます！

単語の覚え方

単語を覚える際、ほとんどの方が英会話でよく使う単語集などを参考にします。しかし前述した通り、それらの単語を覚えても、その中から実際に単語を使う確率はとても低いです。

多くの方の感覚としては、とりあえずある程度の単語を学んでおけば言われた時にわかるだろう、という感じだと思います。しかし、そうそうみなさん都合良く自分が習った単語から使ってくれません。

だからこそ、英語でよく使う単語を覚えるんじゃないか！　と言う方もいるでしょう。

では、英語で最もよく使う英単語をご覧ください。

（http://www.oxforddictionaries.com/words/the-oec-facts-about-the-language より引用）

名詞
1. time
2. person
3. year
4. way
5. day
6. thing
7. man
8. world
9. life
10. hand
11. part
12. child
13. eye
14. woman
15. place
16. work
17. week
18. case
19. point
20. government
21. company
22. number
23. group
24. problem
25. fact

動詞	形容詞
1. be	1. good
2. have	2. new
3. do	3. first
4. say	4. last
5. get	5. long
6. make	6. great
7. go	7. little
8. know	8. own
9. take	9. other
10. see	10. old
11. come	11. right
12. think	12. big
13. look	13. high
14. want	14. different
15. give	15. small
16. use	16. large
17. find	17. next
18. tell	18. early
19. ask	19. young
20. work	20. important
21. seem	21. few
22. feel	22. public
23. try	23. bad
24. leave	24. same
25. call	25. able

どうですか？ 大体知ってるでしょ？ これらがよく会話で出てくるものらしいです。そしてみなさんが英単語集とかで学ぶような単語は、会話で出てくるけど、毎日のように朝から晩まで英語を話していて、たまに出てくるかな、というぐらいなんです。

例えば、先ほど書いていただいたトピック・マトリックスのトピックを1つ選んでください。そのトピックで使いたいと思う単語は上記のリストにいくつありますか？ おそらくほとんどないと思います。

よく使う単語を覚えると効率が良い、と思っているでしょうが、正直なところ、大変効率が悪いのです。

　本当の意味で効率良く単語を覚えるには、自分の話したいネタで使いそうな単語を調べることです。そうすれば、使いたい単語、実際に使いそうな単語をドンドン覚えていくことができます！

単語は文ごと覚える

　単語の覚え方でもう1つ重要なことがあります。それは、単語を単語で覚えないこと。必ず文にして覚えてください。

　人間は覚えた単位でしかアウトプットできません。

　よく「単語しか出てこないんです。文で話せません」という方がいらっしゃいます。**単語でしか覚えていないから、単語しか出てこないのです。**

　こういう方は単語しか出てこないから文法を勉強します、と言いますが、そういう問題ではありません。

　文で覚える、という簡単に解決できる問題を、文法を勉強するという大プロジェクトで解決しようとすると、文法の勉強が終わるまで結局単語は単語単位で使ってしまいます。すっごい遠回りをすることになります。

　文で覚えると、その単語は文のどの部分に入れるのかももれなく覚えられます。つまり文法力もついてしまうわけです。

位置で意味が変わる単語もある

　英単語を覚える際、多くの方は曖昧な覚え方、てきとうな覚え方をします。例えば、「as usual」と「usually」は使い分けられますか？　なんとなく、「普段系」の単語として覚えていますよね。

そして多くの生徒さんはどっちでもいいのかな？　という感覚で使っています。

　似たような単語を使い分けられない一番の理由は、覚え方が「てきとう」だからです。例えば、この2つに関してはしっかりと意味を覚えていれば、絶対に使い方を間違えません。

「as usual」＝「いつも通り」
「usually」＝「いつも」「いつもは」「普段は」

「as usual」であれば、例えば「As usual, I woke up at 7 this morning.」（いつも通り7時に起きました。）という文が作れます。「usually」であれば、「I usually wake up at 7.」（普段は7時に起きています。）という文が作れます。

　この2つを入れ替えると文が成立しなくなります。

「普段は7時に起きました」
「いつも通り7時に起きています」

　通じなくもないけど、よくよく考えると何かおかしいですよね。若干不自然さを感じると思います。

　しっかりと単語の意味を意識していれば、こういう間違いはなくなっていきます。大事なのは、ここでもやはり「英語の感覚」で考えようとしないこと。「英語の感覚」で考えるとすごく遠回りになって、英文を作る時に逆に時間がかかってしまいますし、混乱します。「英語の感覚」にこだわる方ほど、「難しい」と言い続けます。「英語の感覚」を捨てれば、これほど簡単に使い分けられる単語はないと思えますよ。

もう1つやっておきましょう。「really」の使い方。
「really」は文中の位置によって多少意味が変わります。

「I really don't like natto.」と「I don't really like natto.」

前者が**「本当に」**好きじゃない、後者が**「本当は」**好きじゃない、という使い方になります。
「I really don't like natto.」は「納豆が本当に好きじゃない（嫌い）」という意味です。「I don't really like natto.」は「本当は（あんまり）納豆が好きじゃない」という意味です。

この2つを見てもらうと多くの生徒さんは「難しい」と言うのですが、「難しい」と思っているのは気のせいです。
だって、日本語の文の違いはわかりますよね？「納豆が本当に好きじゃない（嫌い）」と「本当は（あんまり）納豆が好きじゃない」の違いはわかりますよね？ じゃあ、英語の違いもわかるはずですよね？
何が難しいと思っているかというと、「なんか」難しいと思っているだけです。本当は何も難しくないのに。1＝1、2＝2以上のことは書いていないんです。こういう文の使い分け方が「難しい」と言う方は大抵、会話の時に瞬時に使い分けられるだろうか？ と考えています。使い分けられないかもしれないから難しいと思っているわけです。
でもね、5つぐらい例文を作ると間違えなくなるんですよ。例文を作ろうとしないからいつまでも難しいと感じてしまうだけ。
みなさま、早速今から5つずつ例文を作ってください！ てきとうな文ではなく、本当のことを書いてくださいね。

1) I really don't like _____
2) I really don't like _____
3) I really don't like _____
4) I really don't like _____
5) I really don't like _____

1) I don't really like _____
2) I don't really like _____
3) I don't really like _____
4) I don't really like _____
5) I don't really like _____

　これでしっかりと使い方の区別ができたはずです！　そして本当のことを書いたなら、そのまま使えば大丈夫です！

イディオムを使うと感心される

　イディオムというのは英語の熟語です。例えば、「So far, so good.」はイディオムです。これはどういう意味でしょう？　「すごく遠くて、すごく良い」ではありませんよ。この熟語は「今のところ、順調です」という意味です。

　イディオムは書いてある通りの意味ではないことが多いです。日本語だと例えば、「揚げ足を取る」とか「はらわたが煮えくりかえる」など、そういう表現に相当します。

　日本語と同様に、英語でもこういった熟語は会話でよく出てきます。イディオムは単語からは意味が推測しにくいので、覚えなくてはいけません。

　でも、こういったイディオムを片っ端から覚えようとすると、

単語の覚え方と同じ様にすごく効率が悪くなります。イディオムを学ぶ際は自分が使ってみたいものから覚えるのがベストです。

　日本語がそれほど得意でない外国人が「アゲアシをトルのはよくないで〜す」と言ってきたら、「おお、そんな日本語知ってるんだ！」とちょっと感心しますよね。みなさんもイディオムを使うと感心されます。なので使いそうなもの、使ってみたいものから覚えるようにしてください。

　以下にいくつか、よく使うイディオムを紹介します。使ってみたいな〜と思うものだけピックアップしておいてください。

1)　I bought 6 pairs of shoes yesterday, so I'm broke now.
　　昨日6足も靴を買ったので、金欠です。

2)　I get headaches, every now and then.
　　たまに頭痛になります。

3)　Can we order 3 desserts? I have a sweet tooth!
　　デザート3個頼んでも良い？　私甘党なの！

4)　How would you feel if you were in my shoes?
　　あなたが私の立場だったらどう思う？

5)　Don't over think. You should just sleep on it.
　　あまり考えすぎるのは良くないよ。一晩考えてみたら？

6)　You're thinking about changing jobs? We're in the same boat, aren't we?
　　転職を考えてるの？　僕達同じ状況だね。

7) My friend was 2 hours late, so I had to kill time at a bookstore.
私の友達が２時間遅刻したので、本屋さんで時間をつぶしました。

8) Let's just call it a day and continue the meeting tomorrow.
とりあえず今日はもうおしまいにして明日ミーティングを続行しましょう。

9) He was so funny, I couldn't keep a straight face.
彼はとても面白かったから、笑いをこらえることができませんでした。

10) I know I made a mistake. Stop rubbing it in.
私が間違っていたのはわかっています。何回も嫌みっぽく言わないでください。

11) My boyfriend said he wanted to take a break. That was a bitter pill to swallow.
彼氏に少し距離を置きたいと言われました。受け入れるのが辛かったです。

12) I was using a GPS, but somehow I ended up getting lost.
GPS機能を使っていたのですが、なぜか結局迷子になってしまいました。

13) The math test was a piece of cake.
数学のテストはとても簡単だったよ。

14) You're going to your interview? Well, break a leg!
　　今から面接なの？　頑張ってね！

15) This job requires you to think on your feet.
　　この仕事はその場で即座に考えて対応することが必要です。

16) Speak of the devil! We were just talking about you.
　　噂をすれば！　今あなたの話をしていたところです。

17) I'm sitting on the fence with this choice.
　　これはなかなか決められない選択肢です。

18) This car cost me a leg and an arm.
　　この車はすごく高かったんです。

19) I'm sick and tired of my job!
　　私はもう仕事にうんざりです！

20) She's dating Tom Cruise? I'm not buying it.
　　彼女トムクルーズと付き合ってるの？　信じません。

　こういうイディオムを使って話せたらいいな〜って思いますよね。そうじゃなくて、「よし、このイディオムを使って話すぞ！」と決めてください。このイディオムはこのネタで使えるから覚えておこう、この話をする時は使おう、と決めてください。
　「いいな〜」なんて何の意味もないことです。使うことを決めれば使えるんです。英語に気合いは必要ありません。必要なのは使うと決める意思。それだけです！

英会話教室の選び方、など小ネタ

さて、大きなところは既に押さえたのでここからはちょっと小ネタをご紹介しましょう。

英会話教室に通った方がいいタイプの人

「英語の勉強にはお金をかけるものじゃない」と思っている人がけっこう多いです。数千円の本を買うならまだしも、何万円も払って英会話教室に通うのはバカバカしい。お金の無駄。実際、そう考えている方にたくさん出会ってきました。そういう方は独学で英語を学ぶわけで、確かにみなさんお金は節約していますが、みなさん揃って時間を無駄にしています。

Time is money. とはよく言ったものです。

英会話教室に通う場合は、独学よりもお金を使います。独学する場合は英会話教室に通うよりも時間を余計に使います。どっちもどっちなわけです。

では、どういうタイプの人は英会話教室に通った方が良いか。勉強の間隔が長い方です。月に4回も勉強していないのであれば、英会話教室に通った方がいいです。通えば、少しは勉強するから。

逆に通わなくても良い人というのは、独学でも週に1、2回はしっかりと勉強している方です。

私の英会話教室では受け放題コースというのがあります。このコースを受講しているF.F.さんという生徒さんは私の英会話教室にいる時間が月間で私よりも多いです。彼は1ヶ月に50時間かそれ以上レッスンを受けています。

　彼は仕事が忙しくなると1ヶ月や2ヶ月お休みをするのですが、前回のお休みから戻っていらした際にこんなことを言っていました。「通っている時は月50時間とか来てましたけど、休み中は自宅で一度も勉強しませんでした。やっぱり来ないとダメですね」

　要は英会話教室が良いか悪いかの話ではなく、通わないとダメな人もいるし、通わなくても大丈夫な人もいるのです。通わないと家でまったく英語を勉強しない方は、明らかに通った方が良いのです。

「通わないと勉強しない」と考える方も多いですが、「通えば嫌でも勉強する」ので、通っちゃえ！　というほうが考え方としては健康的だと思います。そして現実的。

　通わなくても大丈夫な人というのは、どこかで「アウトプット」の機会が作れる方です。大阪の講座にいつもご参加いただいている男性の生徒さんがいます。彼の場合、バーなどで外国人に声をかけて話すことができます。男女かまわず話し出すのです。こういう方は英会話教室に通わなくても大丈夫なタイプです。

　でもこういう芸当ができないのであれば、英語を話す機会なんてなかなかありません。バーで声をかけることもできない。道行く外国人を呼び止めて英語で話すということもできない。でも英会話教室には通いたくない。じゃあ、いつどうやって「アウトプット」するのか不思議でなりません。ある日、とても気の良い外国人がやってきて、「私と英語でおしゃべりしませんか？」と言っ

てくるのを待っているのでしょうか。いいですね、そういう人がいると。でも大体そういう人って下心ありますからね。ご注意ください。

　英語の勉強が続かない人、アウトプットの場を自分で作れない人は正直なところ、英会話教室に通った方が、結果的に時間もお金も節約できます。そういう意味で英会話教室を上手に活用してください。

どんな英会話教室を選べばいいか？

　英会話教室には2タイプあります。1つはレッスンが全て英語で行われるタイプの英会話教室。もう1つは質問などを日本語でもして良い英会話教室です。

　英語オンリーの英会話教室は中級や上級の方におすすめです。レッスンは全て英語なので、単語や文法の説明も全て英語です。質問も当然英語でしなくてはいけません。ある程度の英語の理解力がある方であれば、英語での説明も理解できます。

　でも初心者、初級者にはおすすめしません。全て英語なので、初心者や初級者の方だと、レッスンで何が行われているのかよくわかっていません。当然、先生の英語もほとんどわからない。質問があっても、英語では聞けないなど、初心者や初級者の方が英語オンリーの英会話教室に通うとかなりの確率で英語恐怖症になります。

　よく初心者も初級者も中級者も全て英語オンリーのレッスンが良いとされていますが、ナンセンスです。

　先日、私の英会話教室の生徒さんのA.W.さんは「時間があると、家に帰って家事をしなきゃいけないのに、コペルに来ちゃう

んです」と言う時の、日本語の「○○しちゃう」という部分を英語でどうやって言うのかがまったく見当もつかないから教えてほしいと言ってきました。

　全てのレベルの英語受講者は英語オンリーのレッスンを受けるべきだと思っている方に質問です。「○○しちゃう」という文を英語でどうやって言うか知りたい場合、あなたは先生に何て聞きますか？　もちろん英語で。

　気がつきましたか？　**この質問をするには「○○しちゃう」を英語で言わないといけないんです！　なんたる矛盾！**　質問をするには、答えを知らないといけないわけです。

　私の英会話教室では生徒さんがこういう質問をバンバンしてきます。これはなんて言うんですか？　こういう場合はなんて言えばいいですか？　とドンドン聞いてきます。だからみなさん、確実に言いたいことが言えるようになってくるんです。

　英語オンリーのレッスンの逆バージョンも見てみましょう。
　例えば、先生が「I can't help coming here.」という表現を教えたとしましょう。この表現はどういう意味だかわかりますか？
　実はこの英語は先ほどやった、「来ちゃう」という日本語の英語での言い方です。「I can't help it.」は知っていますか？　「しょうがない」とか「どうしようもありません」という意味の英語表現です。この表現をちょっと変化させたんです。「I can't help」＋「it」の代わりに「coming here」にしました。
　そこからさらに応用もできます。「I can't help eating between meals.」（どうしても間食しちゃうんです。）

　おわかりいただけました？　日本語での言い方を知りたい場合も日本語が必要だし、英語表現を正確に学ぶ場合も日本語が必要

なんです。

　繰り返しますが、中級や上級の生徒さんは英語オンリーの先生から英語を習ってもいいですが、中級以下の方は言いたいことも言えるようにならないし（そもそも質問をすることもできない）、英語表現の正確な意味を理解することもできない（だから応用して使うこともできない）わけです。

英語オンリーのレッスンは初級者には非効率的

　英会話講師の多くは、初心者も初級者も英語オンリーの方が良い、英語オンリーの方が生徒さんががんばると言います。自分で英英辞書で単語の意味を調べたりするからしっかりと覚えるんだと。

　私も英語を教え始めて半年ぐらいまではそう思っていました。でも、日本語での説明を加えるようにしたら、あることに気がつきました。生徒さんが単語や英語表現の意味をしっかりと理解できて、しかもちゃんと意味を覚えていてくれることに。

　英英辞書で単語を調べても、結局最終的に意味がわからないので、「覚える」とかそういう次元の話ではなくなってきます。覚えようにも意味がわからないよ！　という状態になるのです。当たり前ですよね？　英語がわからないのに、英英辞書なんか見ても意味がわからない。意味がわからないのに、覚えておくことなんかできないでしょ？

　私は英語を教え始めて半年ぐらいで英語オンリーの教え方が根本的に矛盾だらけだということがわかりましたが、本当に気がついて良かったと思っています。あのまま気がつかずに英語を教え続けていたらと思うと、身震いしてしまいます。

話を戻しますが、英会話教室を選ぶ際は自分のレベルに合ったタイプの教室を選びましょう。
　初心者、初級者は日本語がわかる先生がいる教室。中級、上級の生徒さんは英語オンリーの英会話教室。
　でも、中級、上級の生徒さんも、たまには日本語のわかる先生の授業を受けた方が良い場合もあります。
　もうワンランク上に行きたいと思った時には日本語での説明が入った方が、早い場合があるので、欲を言えば、どちらの先生もいる英会話教室が良いかもしれません。

　英語オンリーの英語教育は、子供が言語を覚える過程をモデルにしていると言われています。人間が言語を覚える過程では、他の言語で習うわけではないですからね。
　じゃあ、ここでちょっと計算をしてみましょう。
　子供は1日10時間、自分の母国語を聞いて育ちます（睡眠時間によりますが、10時間で計算します）。ということは週に70時間、月に300時間、年間3600時間です。
　じゃあ、大人はどれくらい英語を習いますか？　週1回、1時間。ということは月4時間。年間48時間です。
　1：70。大人の1年分の英語に触れる量は、子供の1週間分にも満たないわけです。この2つを比べて、同じようにやりましょう、ってちょっと無理がありますよね？　だから英語オンリーの学習というのは、そもそもの理屈からして成立しないんです。あ、でもそんなこと誰にも言っちゃダメですよ。僕とあなただけの秘密にしておいてください。じゃないと業界がひっくり返っちゃいますから。

留学して上達する人、しない人

「英語をマスターするなら留学の方が早いよ」とネットなどに書いている人がたまにいます。こういう方は大体留学したことがない方です。なんとなくのイメージでそういうことを書いてしまうんですね。

実際、私はたくさんの留学生からメールをいただきます。みなさん同じ悩みを抱えています。「こっちに来ればなんとかなると思ったのですが、なんともなりません……どうすれば良いでしょうか？」

留学したり、旦那さんや奥さんの都合で海外移住された方の中にも上達する人としない人がいます。先に言っておきますが、能力とか才能なんてまるで関係ありません。

重要なのは、「留学する前にどれだけ英語がわかるようになっているか」です。

例えば、現地の語学学校の先生の言っていることが3〜4割わかれば、ある程度は話が進められます。あとの6〜7割のわからないところは聞けばわかるわけです。そしてある程度状況を理解しているので、こういうシチュエーションではこう言うんだ！　と思えます。シチュエーションと英語表現が結びついているので、ドンドン理解が進みます。

でも、まったくわからない方や1〜2割程度しかわからない方だと、そもそも話が進みません。今、何の話をしているのか、今何と言われたのかすらよくわからないという状況です。何の話をしているかすらわからないので、「こういうシチュエーションだとこういう英語を使うんだ！」などとは当然考えません。聞いている英語が何にも結びつかない状況になってしまいます。

このレベルから3〜4割までわかるレベルに持っていくには半年から1年かかります。人によってはもっとかかるでしょう。
　しかもただ英語を聞いていれば良いというものではなく、この半年、1年は猛勉強をしないといけません。その猛勉強の中身が日本でもできるものだったりします。それは非常にもったいないですよね。だったら、日本で半年猛勉強して、3〜4割わかるレベルまで持っていってから留学した方が、10倍、20倍のスピードで上達します。逆に6〜7割わかる方というのは上達のスピードが桁違いです。

　ゼロから3〜4割に持っていくのも半年から1年かかるので、留学の方が早いじゃないかと思う方もいると思います。正直、日本でしっかり勉強すれば、同じ時間で3〜4割か人によってはもっとわかるようになります。そして留学の方がはるかにお金がかかりますし、毎日朝から晩まで右を見ても左を見ても英語。気が休まることはありません。そのプレッシャーは相当なものです。人によってはキャリアを中断するというリスクまで負うわけですから。

　留学での上達は留学する前の英語力で変わります。要は吸収力が変わってくるのです。英語のレベルが高ければ高いほど吸収できるものが多くなります。
　留学される方には、日本を離れる前にできるだけ英語を勉強しておくことをおすすめします。

第4部

もう迷わない！英文法の基本時制をマスターしましょう

英文法には優先順位がある

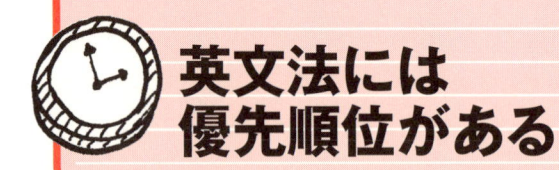

第4部からは、英語の使い方を実際に教えていきます。
英文法の勉強には2つのルールがあります。

1) 英文法の時制などを一通り学ぶのではなく、優先順位の高いものから勉強すること

2) 最も優先順位の高いグループを学び、そのグループの文法をあまり間違えないようになったら、次のグループを学ぶこと

英語を学んでいる人は、全ての英文法を網羅したいと考えています。そのため、例えばよく使う時制とほとんど使わない時制を同列に扱います。文法は全て同じレベルで大事。全て一通りマスターしないといけない。そう考えています。でも正しくは一通りやるのではなく、よく使うものから順に勉強していかないといけません。

そして多くの方は、優先順位の高いものが使えるようにもなっていないのに、ドンドン先に進んでしまいます。

具体例をあげます。例えば、現在形は会話で頻繁に使いますが、関係代名詞は正直なところ、ほとんど使いません。朝から晩まで英語を話しているとしましょう。現在形は頻繁に使いますが、関係代名詞は一日1回使うかどうか。正直なところそんなものです。

それにもかかわらず、特に日本人の方は関係代名詞をマスター

できないことに気を落とします。世界でこれだけ関係代名詞にこだわるのは日本人ぐらいです。

　以前、私の英会話スクールで講師をしていたイギリス人の先生は、日本人の方の執拗なまでの関係代名詞への固執を相当不思議に思っていました。「なんでそんなに大事にするんだろう？　そんなに使うっけ？？？」そして色々とレッスンで質問のあった例文を見せてくれ、「これ、わざわざ関係代名詞にする？」と本当に驚いていました。

　先生の立場から言うと、関係代名詞なんかにこだわるより、ちゃんと be going to と will を使い分けようよ、もうちょっと話したいネタとかまとめようよ、というのが本音です。その関係代名詞へのこだわりを、話す内容を考えることに向けたり、最近どう？　と聞かれて毎回「Nothing special.」以外のことを言う努力に向けてほしいな、と思っています。そもそも「Nothing special.」なら関係代名詞使うまでもないじゃん、と思っているのです。

　こだわりを正しい方向に向ければ、半年で英語がスラスラ話せるようになります。こだわるところを完全に間違っています。

　英文法の優先順位の決め方は簡単です。間違えると相手に話が違って伝わってしまうものは優先順位が高いです。逆に多少の誤差が生じても話が通じるものは優先順位が低いです。そしてほとんど使わないか、使わなくてもまったく問題がないものは優先順位がとても低いです。

文法はイメージや感覚で覚えてはいけません!

　文法を勉強する上で最も大事なことは「イメージ」や「感覚」

で覚えないこと。文法はイメージや感覚で覚えましょうと言う先生はけっこういます。実は私も英語を教え始めのホヤホヤの時はそうでした。

　文法はイメージです！　とか、文法は難しく考えずに感覚で身につけましょう！　とか言ってました。いやあ、お恥ずかしい。その当時、私のレッスンを取っていた皆様、本当に申し訳ございません。私が至らないばかりにみなさんにわけのわからない文法の学び方をお教えしてしまいました。イムラン家末代までの恥でございます。何卒、お許しくださいませ。m(_ _)m

　なぜその当時は文法をイメージや感覚で覚えてください、と教えていたかというと、先輩先生達にそう教わったからです。一度レッスンで、生徒さんに「be going to と will の違いを教えてください」と言われました。まだ英語を教え始めたばかりだったので、なんと説明していいかわからず、とりあえずがんばって説明しました。

　レッスン後、先輩先生の一人に「be going to と will の違いを聞かれたんだけど、なんて説明すればいいの？」と聞いたら、「そういうのは使っているうちに感覚で違いがわかるようになるって説明するんだよ」と言われました。

　「なるほど！」と私は心の中で、不覚にも思ってしまいました。確かに私達ネイティブは be going to と will の違いを言葉ではなく、なんとなく感覚で使い分けています。それを言葉にするなんてできるわけがないと、妙に納得してしまったわけです。

　そして、数ヶ月が過ぎ多少英語の教え方がわかってきた私はある日、be going to と will の違いに気がつきました。違いは第1部で説明したとおりで、この後のP181でも改めて説明しますが、違いの説明の仕方がわかったので、それからはちゃんと説明して

います。

つまり、先生は説明できない時に「イメージや感覚で覚えるんです！」とごまかしているんです。言葉で説明できない時に、イメージとか感覚という言葉を使いたがるのです。

でも、これは先生達が悪いわけではありません。この「イメージと感覚」で覚えるという手法はけっこう前から受け継がれている、いわば英会話業界の伝統なのです。

伝統というのはなかなか疑問を持つ人が少ない。だから今でもその手法がなんだかんだ王道になっています。

その伝統から解放された私、イムランがあなたを文法の世界へといざないます。さあ、いざ文法！

会話でよく使う時制は7つ

もちろん話す内容にもよりますが、英語ではこの7つの時制を使って話すことが多いです。

Top priority──最優先時制
現在形
過去形
未来形
現在進行形
過去進行形
現在完了形
現在完了進行形

では今から、ひとつひとつの使い方をお教えします。

現在形の使い方

　現在形は自分の話をする時によく使います。例えば、「I live in Azabu Juban.」（麻布十番に住んでいます。）とか「I'm an English teacher.」（私は英語教師です。）とか、自己紹介で言うようなことは大体現在形です。

　普段の習慣も現在形で言います。例えば、「I eat breakfast everyday.」（毎日朝ご飯を食べています）。逆もいけます。「I don't eat breakfast.」

　間隔が空くものも現在形で言います。「I take English lessons once a week.」（週1回英会話レッスンを受けています。）
　もっと間隔が空いても使います。「I travel once a year.」（1年に1回旅行に行ってます。）

　あとは、好き嫌いや今やっている趣味の話をする時も現在形です。「I like sushi.」（お寿司が好きです。）「I don't like sashimi.」（お刺身が好きではありません。）「I like listening to music.」（音楽を聞くのが好きです。）
　こういった話、つまり現状の説明には大体現在形を使います。

　漠然とした情報も現在形を使います。
「It's hot today.」（今日は暑いですね。）「It takes 3 minutes from Ebisu station to Hiroo station.」（恵比寿駅から広尾駅までは3分かかります。）「The sun rises from the east.」（太陽は東から昇り

ます。)

では現在形の使い方をまとめてみましょう。

> **現在形を使う場合**
> 1) 自分の今の話や状況
> 2) 普段の習慣
> 3) 好き嫌い
> 4) 趣味
> 5) 漠然とした状況

現在形で話すことの多くは自分のこと、身の回りのことなので、そのへんのネタを覚えておくと、現在形は大部分おさえることができます。特に「自己紹介」を意識すると、覚えやすくなります。

初心者、初級者用の「シンプル自己紹介」

1) Hi, nice to meet you.（はじめまして。）
2) I'm Imran.（イムランと申します。）
3) I live in Azabu Juban.（麻布十番に住んでいます。）
4) I work for a manufacturing company.（メーカーに勤めています。）
5) It takes an hour and a half from my apartment to my office.（自宅から会社まで1時間半かかります。）
6) I take piano lessons once a week.（週1回ピアノを習っています。）
7) I travel twice a year.（年2回旅行しています。）
8) I like natto very much.（納豆はとても好きです。）
9) I don't like cold weather.（寒いのは好きではありません。）

こういう話をする時は、大抵現在形です。しかも自分のことなので、覚えやすいと思います。教科書や英語本だと自分のことではない例文が多いので、ピンとこないために覚えにくいです。教科書や英語本に載っている英語を自分や自分の周りの人に置き換えて文を変えてみると、けっこう覚えられたりします。

現在形はすごく基本的な時制ですが、ちゃんと使えている人は実はとても少ないです。

　例えば、3) や 4) を現在進行形で言う人はとても多いです。本来は現在形で言うべきなのですが、「何となく」現在進行形にしてしまいます。こういうところが英文法があやふやになってしまう一番の理由です。時制をわかっているつもりで実はわかっていない。だから先生達は「関係代名詞にこだわるよりも現在形をちゃんと使えるようになる方が大事なんだけどなあ」と思っているわけです。

　みなさん、関係代名詞とかを気にする前に自己紹介ぐらいは正しい時制で言えるようになりましょう！

　ではここで、あなたのシンプル自己紹介を作りましょう！

1) （挨拶）Hi, nice to meet you.
2) （名前）I'm ＿＿＿＿＿＿＿＿＿＿＿＿ .
3) （住まい）I live in ＿＿＿＿＿＿＿＿＿＿＿＿ .
4) （仕事）I work for ＿＿＿＿＿＿＿＿＿＿＿＿＿＿＿＿＿＿＿ .
　 または I'm a (n) ＿＿＿＿＿＿＿＿＿＿＿＿＿＿＿＿＿＿＿ .
5) （通勤）It takes ＿＿＿＿＿＿＿＿＿＿＿ from my apartment to my office.
6) （趣味）I take ＿＿＿＿＿＿＿ lessons ＿＿＿＿＿ a week.

7)（趣味）I _____ .
8)（好きなもの）I like _____ very much.
9)（嫌いなもの）I don't like _____ .

　自分のことをこれぐらい言えれば、スタートとしては十分です。大人の英語の身だしなみですね。あとは、このページを見なくても言えるように、声に出して何度も反復練習をして覚えてください！

現在形か現在進行形かで迷ったら

　現在形と現在進行形、どちらを使ったらいいのかわからなくなることがあるという生徒さんがよくいらっしゃいます。例えば、I live in Azabu Juban. が正しいのか、I'm living in Azabu Juban. が良いのかということです。

　住まいや仕事など自分の現状を伝える時は、基本的には現在形を使います。なので、こういう場合は現在形を使ってください。

　では後者は使わないのか？　基本的には使いません。「今、一時的に」という意味では使いますが、旅行者でない限りは「今、一時的に」どこどこに住んでいる、働いているということはないので、基本的にはこういう話をする時に現在進行形を使うことはありません。

　おそらくネイティブがこういう話を現在進行形で言っているのを聞いたこともないはずですし、教科書、参考書、英語本でもこういった話が現在進行形で書かれているのを見たこともないはずです。もし見たことがあれば、それはちょっと怪しい本です！

　ではなぜ多くの方は、現在形で言うべきことを現在進行形で

言ってしまうのでしょうか？ 不思議ですよね。理由は簡単です。現在形、現在進行形の使い方を「てきとう」に覚えているからです。「現在形」は「現在の話」。「現在進行形」は「今の話」というふうに覚えているので、英文を考える時に「これは現在の話かな？ それとも今の話かな？ まあ、今麻布十番に住んでいるから現在進行形だろう」と思うわけです。

　そもそもの覚え方がどっちとも取れるものになってしまっている。そして英会話のレッスンなどで先生にそういう場合は現在形ですよ、と言われると自分は文法が不得意だから、もう一度文法を勉強し直さないといけない、と思うわけです。

　そしてまた勉強しても、同じ覚え方をするので、また同じ間違いをおかすという「英文法負のサイクル」にはまってしまうのです。

　この本では、英文法の正しい学び方を知ってもらいます。

「正しい学び方」とは、大もとのルールと一緒に具体例まで覚えておくことです。

　ルールだけではなく、「○○に住んでいます」は「I live in ○○.」と具体例まで覚えておけば間違えません。

　そもそも現在形でよく話すことは限られているので、具体例で話すことを覚えてしまった方が早いです。

　多くの方はルールを覚えてしまえば、どんな文も作れるようになると思っています。でも実際には作れていないので、この際、潔くその考え方を捨ててください。

　英文法を学ぶ際の一番大事なルールです。英文法はルールと具体例の両方で覚えましょう。

現在進行形の使い方

　現在進行形には3つの異なる使い方があります。1つはあなたもよくご存じの「今やっていること」です。「何読んでるの？」と言われて、「イムランの本読んでる」という具合です。

現在進行形1

　What are you reading?
　I'm reading Imran's book.

　これは難しくないですね。よくある一般的な現在進行形です。では2つ目です。

現在進行形2

　What are you reading?「何読んでるの？」
　I'm reading Imran's book.「イムランの本」

　これは今、この場で本を読んでいる人がいて、何を読んでいるのか聞いているというシチュエーション以外にもう1つあります。
　上記の前にちょっと会話を足してみましょう。

　I usually read 5 books a month. But, I'm reading my 6th book now.
　Oh, really? What are you reading?
　I'm reading Imran's new book.

日本語にすると、
「大体毎月5冊本を読んでます。でも今は6冊目を読んでます」
「本当？　何読んでるの？」
「イムランの本」

　この場合、今この場で読んでいるのではなく、「最近」という意味での「今」のことを聞いていますよね。こういう場合にも現在進行形を使います。

　え？　じゃあ、どっちを聞かれているか、どうやって区別するの？？？　とちょっと困惑しましたか？
　その困惑を解決してしんぜましょう。現在進行形1も現在進行形2も日本語はまったく同じですよね。日本語も異なるシチュエーションでまったく同じ表現を使ってますよね。この2つはどちらを聞かれているか、困惑しますか？
　困惑する方はいません。だってそのシチュエーションでどっちを聞かれているか、容易にわかるから。
　同じ形、同じ時制なんですが、それは日本語も同じ。どちらのシチュエーションでも使えます。
　ここは大事なので何度もリピートさせてください。いや、一緒にリピートしましょう！　Repeat after me!!!

日本語と同じ。　日本語と同じ。　日本語と同じ。

　日本の英会話業界には日本語と英語の違いを強調しすぎる風潮があります。英語と日本語はこれだけ違うんです！　とあまりにも、時には大げさに言うものだから、日本人の方は英語は難しい

という固定観念を持ってしまったのだと思います。

　この現在進行形に関しても、ネイティブはどういう感覚で使い分けているんですか？　と聞いてくる生徒さんもいます。そこで、日本語と同じです、と説明しても納得しないんです。

　日本語でもまったく同じ使い方をしているのに、英語だと難しいっておかしいですよね？

　何に納得していないか。英語はもっと難しいはずだ、と思っているので、その気持ちに合致した答えを欲しているんです。なんかこうニュアンスをもっと掘り下げて、日本とアメリカの文化の違いにまでさかのぼって説明してもらいたいんですよね。

　残念ながら、英語はあなたが想像しているよりもはるかに簡単です。この場合だと、日本語と同じ。

　この程度の文法であれば、え？　それだけ？　今まであくせく勉強してきたのはなんだったの？？？　と思っていただけるぐらい簡単に説明できます。朝飯前どころか寝ぼけながらでもいけます！

　必要なのは、日本語と同じです、と言われて、そうなんだ！と思う心。信ずるものは救われるのです。

未来の話も現在進行形でできる!!

　3つ目の現在進行形はな、なんと！　未来の話をする時に使います。そう、実は未来形の仲間なのです。

現在進行形3

What are you doing tomorrow?（明日は予定ある？）
I'm having dinner with my friends tomorrow.（明日は友達と

晩ご飯を食べるんです。)

I'm playing tennis tomorrow.（明日はテニスをしに行くんです。)

　未来形を学校で習った時は、be going to と will の 2 つだったと思います。これにもう 1 つ、現在進行形で言う未来の話し方を足しておいてください。ただし、この形で未来の話をする場合はチェック項目があります。

　以下のどれかに該当する場合は be going to と will よりも、現在進行形で言うことが多いです。必ずそう言わないといけないというわけではなく、あくまでも習慣としてそうしているという話になるので、それをしっかりと理解しておいてください。

> **現在進行形で未来の話をする場合**
> ☐ 何かを予約している
> ☐ 誰かと約束をしている
> ☐ 日程や時間を決めている
> ☐ 今から、今日これからの予定
> ☐ 明日、明後日の予定

　こういうシチュエーションでは、未来の予定の話をする際は現在進行形を使います。

　たまに文法の本などに、現在進行形を未来の話に使うのは「近未来の話をする時」と書いてあることもあります。確かに近未来で使うこともありますが、遠い未来でも使います。例えば、来年留学するとします。日程が決まっている場合は現在進行形で言っちゃいます。「I'm going to study in Canada next year.」

じゃあ、be going to と will は？　と思いますよね。それは次のパートでお教えします。

その前に英文法を学ぶ上での心得を1つ心に留めておいてください。

ここでご紹介した現在進行形ですが、3つの異なる使い方があります。そう考えると、3つもあって、使いこなせるかなとすごく不安になる方もいるでしょう。実はその不安、まったくの誤解というか勘違いなんです。だってめちゃくちゃラッキーですよ、あなた。

よく考えてください。3つの異なるシチュエーションにもかかわらず、どれを言う時も現在進行形を使えばいいんです。選択肢は現在進行形か現在進行形か現在進行形です。何も迷う必要がありません。これを使いこなせないのは逆に難しいです。

英語を勉強している方は、特にこういう不安を抱えている人が多いです。無用の不安というか、ただの勘違い。

でも言われた時にどの意味で言われているのか、わからないかもしれないと思う方もいるでしょう。それも心配ご無用です。全てシチュエーションが違うので、どれを言われているかわからないということはありえません。これでもか！　というぐらいのKYな方でなければ、絶対にわかります。

ちょっと例をご覧いただきましょう。

シチュエーション1
「今何してるの？」
「友達と食事」
「え？　明日の予定じゃなくて、今だよ。今何してるの？」

絶対にないですよね。

シチュエーション2
「月に5冊は本を読んでるんだ」
「へえ〜。今何読んでるの？」
「今？　今は読んでないよ。君と食事をしてるんだから」

こんな人と食事したくないですよね。

シチュエーション3
「明日の予定は？」
「友達と食事」
「今じゃなくて、明日の予定だよ」

これもなかなかないですよね。

　特定のシチュエーションでまったく違う解釈をするには、相当な想像力が必要になります。上記のシチュエーションですが、そうとらえるか！　とちょっと驚きますよね。漫才の世界になるので、そんなことに不安を感じないでください。
　英語を勉強している方は英語に対する恐怖心、コンプレックスがあるので、こういったありえない不安を抱えています。
　この本を読んで、少しでもその得体の知れない不安が消えることを願っています！

現在進行形のおさらいと練習

現在進行形の使い方をＱ＆Ａ形式でおさらいして、練習しましょう。

1) 今やっていること
    a) 今何してるの？→＿＿＿＿＿＿＿＿＿＿＿＿＿＿＿＿＿
    b) 今テレビ見てます。→＿＿＿＿＿＿＿＿＿＿＿＿＿＿＿

2) 「最近」程度の今やっていること
    a) 今何読んでるの？→＿＿＿＿＿＿＿＿＿＿＿＿＿＿＿＿
    b) 今、イムランの本読んでる。→＿＿＿＿＿＿＿＿＿＿＿

3) 予約や約束が含まれる未来の予定
    a) 明日は予定ある？→＿＿＿＿＿＿＿＿＿＿＿＿＿＿＿＿
    b) 明日は友達と食事。→＿＿＿＿＿＿＿＿＿＿＿＿＿＿＿

　お！　ちょっと待ってください。あなた今、ページをめくって戻ろうとしていましたよね。英文を確認するために。ダメですよ、戻ってカンニングしちゃ。さっき散々説明したじゃないですか。戻るってことはさっきの説明を読んでなかったってことですよ。それか読み流していたか、読んでいるふりをして実はあまり読んでいなかったか。
　実はこの「戻ってしまう」という行動に英文法がなかなか身につかない理由が隠されています。「戻る」ということは「覚えていない」のではなく、説明を読んだ時点で「覚えようとしていない」からです。

いたたた。痛いですね。耳だけではなく、心に突き刺さりますね。はい、そうなんです。私には全てお見通しです。これは「薔薇」のところでもお話ししましたが、見ているだけなのに「わかったつもりになっている」「できるつもりになっている」ということなんです。

　じゃあ、どうすればいいか。簡単です。「薔薇」の話と一緒です。習ったことを即実践すればいいのです。英文法なら、自分で文を色々作ってみればいいのです。まずは前ページの日本語を英文にして書いてみてください。そして後で答え合わせをしてください。

未来形の使い方

あなたは学校で be going to と will を未来形として習ったと思います。学校では教科書によって説明の仕方が違います。

説明1：be going to ＝ will
説明2：be going to の方が will よりも確実性が高い
説明3：will の方が be going to よりも確実性が高い
説明4：be going to は決まった予定で will は意志未来
説明5：be going to は決まっている予定、will は今決めたこと

だいたいこんなものです。2と3なんか逆です！　ここまでくると、混乱の極みです。さて、ではどれが正解でしょう？

正解は5番です！

学校で5番と習った方はあまりいないと思います。私の英会話教室に以前通っていた慶応の高校生に聞いたら、彼は5番で習ったそうです。でも25歳以上の方で5番で習ったという方はなかなかいません。みなさん、教科書によって習い方が違うのです。

be going toは「決まっている予定」

では説明しましょう！

be going to は前々から決まっている、決めている予定を話す時に使います。例えば、「週末の予定は？」と言われて、既に決まっている予定、決めている予定を話す時には be going to を使って文を作ります。

　あなたの今週末の予定は何ですか？　決まっている予定や決めている予定の場合は be going to を使って文を作ってください。
　そうなると、先ほどご紹介した現在進行形とあまり使い方が変わらない気がしますよね。
　この2つには明確な使い分け方はありません。強いて言うなら先ほどのチェックリストを使って区別してください。

☐ 何かを予約している
☐ 誰かと約束をしている
☐ 日程や時間を決めている
☐ 今から、今日これからの予定
☐ 明日、明後日の予定

　どれか1つが当てはまると、私たちは大体現在進行形を使って話します。be going to を使ってはいけない、ということではなく、あくまでも習慣として現在進行形を使って話すことが多いということです。
　では be going to をよく使うシチュエーションはどういうものかというと、例えば、予約も約束もしていないけど、自分で決めている予定です。買い物に行くとか、一人でランチに行くとか、そういう時は予約も約束もしていないので、be going to を使う方が多いかな〜という具合です。
　しっかりとルール化されていないと、これまた不安になる方が

けっこういらっしゃいます。こういう時はこっち、こういう時はあっち、と区別してもらいたいんですよね。気持ちはわかりますが、言語にはルールがなかったり、ルール通りではないこともけっこうあります。

　日本語だってそうですよ。この2つはどうやって使い分けますか？
「東京に住んで10年になります」
「東京に10年住んでます」

　どちらかでないと不自然なシチュエーションは、思いつきますか？

　相手の聞き方にもよるかもしれません。「東京に住んで何年になるんですか？」と聞かれたら前者を使うことが多いかもしれません。でも、「10年住んでます」と言うかもしれません。
　どちらを使うかによってニュアンスは大幅に変わりますか？変わる気がしないこともないですが、どちらかを言ったからといって間違いにはなりませんよね。
　日本語では似たような表現も大して区別せずに使っているのに、英語には明確な区別を求めてしまうのが日本人の英語学習者です。日本語でも同じじゃないですか、とお話ししても、「う〜ん。難しい」と言うんですよね。「いや、だから日本語でも一緒じゃないですか」とさらに説明しても、「う〜ん。そうなんですけどね。どう使い分ければいいのかなと思って」

　外国人はどうかと言うと、すぐに納得します。それどころかどっちでもいいなんて、便利だね、とさえ言います。

こだわることは大事ですが、こだわってもしょうがないところにこだわっても何も得るものはありません。中華料理店でレバニラ炒めなのか、ニラレバ炒めなのかわからなくて、注文を躊躇しているようなものです。いいから、さっさと頼めよ！　と言いたくなりますよね。さっさと納得して、先に進みましょう！

未来形のおさらいとテスト

　もちろん、戻って確認しちゃダメですよ。
1）来週一人で買い物に行く場合はどちらを使いますか？
　　→ _____
2）来月 14 日にご友人の結婚式があります。その予定を言う時はどちらを使いますか？
　　→ _____

willは「今決めたこと」

　will の使い方をやりましょう！　**will を日常会話で使う場合は大抵、「今決めたこと」や「今思いついたこと」を言いたい時です。**

　わかりやすい例で言うと、友人に「この本面白いから読んでみなよ」と言われて、「そうなんだ。じゃあ、読んでみようかな」と言いたい時は「will」を使って、「Oh, really? I'll read it.」と言います。日本語で「じゃあ、〇〇する」、「じゃあ、〇〇しようかな」と言う時は大体「will」を使います。

　学校で「will」は「意志未来」と習った方もいると思います。考えてみると、この「意志」というのがよくわかりません。じゃ

あ、be going to を使う「来週、映画見に行くんです」には「意志」はないのか？　という話になってきて、混乱します。このように、「意志未来」で覚えると、文を作る時に be going to にするか will にするか迷ってしまうので、そういう覚え方はしないでください。

willと現在進行形&be going toの違い

話が戻りますが、決まっている予定や決めている予定を話す時は現在進行形か be going to を使ってください。

英会話スクールに通っている方は、毎回のレッスンで次の週末の予定を聞かれると思います。この時は予定を聞いているので、本来は現在進行形か be going to を使って答えるのですが、ほとんどの方は will を使って答えていると思います。でも先生に be going to に直されるというケースはあまりないのではないかと思います。

先生の中にも「What will you do this weekend?」と聞いてくる人もいると思います。

実はこの質問、ネイティブ同士だと「will」を使って聞くことはありません。 現在進行形か be going to を使って聞きます。

What are you doing this weekend?　か、

What are you going to do this weekend?　を使います。

なぜ先生が「will」を使ってしまうか、理由を書きます。「will」を使うと、かしこまった雰囲気になります。どうかしこまっているかというと、例えば**ビジネス上では「be going to」は使わずにほぼ「will」で通します。**

「明日書類を送ります」と言う場合も、前々から決まっていても、メール便を予約していても、「We will send you the documents tomorrow.」と will を使います。(話の内容によって相手に元々明日送る予定であることを伝えないといけない場合は現在進行形で言います。「We are sending you the documents tomorrow.」)

でも、基本的には will を使います。

同僚同士の日常会話の場合は普通に現在進行形や be going to を使いますが、クライアントやお客様相手ですと、will を使うことが多いです。

英会話の先生が「will」を使ってしまうのには 2 つ理由があります。1 つ目は英語を教えている時は仕事モードなので、「will」を使って質問してもそれほど違和感を感じないし、生徒さんが「will」を使っても違和感を感じないからです。ネイティブ同士で日常会話をしていて、「What will you do this weekend?」と聞かれたら「なんでそんなかしこまってるのかな?」と一瞬思います。逆に返事が「will」だと「今決めた」感があるので、少し違和感があります。

「週末は何か予定がありますか?」
「じゃあ、映画でも観に行こうかな」

という感じです。何が「じゃあ」なのかな? って一瞬思いますよね。でもそこには特に触れず、本人の中で何かが「じゃあ」だったんだなと納得しちゃいます。

2 つ目の理由は、ビジネス上では will を使って言うので、英語の表現としては間違っていません。明らかに間違った文章だったら気がつきますが、間違ってはいないので、特に気にならずスルーするわけです。

今までの未来形は捨てましょう

ここまでで現在進行形、be going to、そして will の使い分け方がおわかりいただけたかと思います。

もう一度整理しましょう。

未来形の使い分け
1) 現在進行形を未来の話で使うのは、予約を入れている時や約束をしている時
2) be going to を使うのは、予約や約束をしていないけど決まっている予定や決めている予定などを話す時
3) will を使うのは、今決めたことや今思いついたことを話す時

学校では未来形と言えば be going to と will、と習っていたと思います。未来の話をする時は必ずこのどちらかを使って話していたと思います。

では、こういう場合はどうしていましたか？ 週末や休みの予定を聞かれて、「まだわからないけど、旅行に行くかもしれません」と言いたい場合。

こういう場合は be going to と will のどちらを使って表していましたか？

「よくわからないからとりあえず will」でしょうか。ほとんどの日本人の方はどちらを使えばいいのかわからない時は「よくわからないからとりあえず will」で通します。もうおわかりだと思い

ますが、この場合 be going to も will も当てはまりませんよね。決まっている予定でもないし、今決めたことでもありません。

　そもそも「be going to」と「will」の二択ということ自体が不自然なのです。未来形＝ be going to と will という括り自体が間違っています。受験用には良いのかもしれませんが、会話をする上では多々支障が出てきます。「かもしれない」と言いたい場合に be going to と will ではどちらも該当しないので、文が作れないからです。
　中には「maybe」や「perhaps」を使って文を作る人もいると思いますが、ほとんどの方は be going to と will で迷って最終的に will にしていると思います。
「かもしれない」のにこの２つから選ぶのは大変ですよね。その困難から救いましょう！

「かもしれない」と言う時は「might」か「may」を使います。

「まだわからないけど、旅行にいくかもしれません」と言いたい時は「I don't know yet, but I might go on a trip.」と言います。
　might と may はどちらでも良いとされています。特に意味に違いはありません。強いて言うなら may の方がかしこまっている感じがあります。でもどちらかじゃないといけないというシチュエーションはないので、気にしなくて大丈夫です。

might＝「かもしれない」でそのまま覚える

「かもしれない」と言う時は「might」や「may」ですよ、と言うと、大抵の方は「might や may は 50％ぐらいの時に使えばい

いですか？」と聞いてきます。

　まあ50％ぐらいかなとは思うのですが、パーセンテージで覚えるよりも、「かもしれない」で覚えておいた方が正確に使えます。なぜならあなたは日本語で予定について話す時、パーセンテージで通常考えないからです。

「今週末は75％の確率で出かけます」とか言わないでしょ。「来週末は50％の確率で家にいるので、DVDでも借りておこうかな」とか思わないでしょ。

　パーセンテージで覚えようとするのは「イメージ」とか「感覚」で覚えようとするのと一緒で、文を作る時や話す時に正しい判断基準になりません。

「今週末出かけるかもしれないので、来週にしましょう」と言ったり、考えたりします。だから、「かもしれない」で覚えておいた方が、直接「might」や「may」にリンクするので、英語が出やすくなります。

「かもしれない」→「might」となるわけです。パーセンテージで覚えると、「かもしれない」→「50％」→「might」となるので、1.5倍頭を働かせないといけません。しかも、65％ぐらいかな〜という場合はどうしますか？　「あれ？　50％以上だとwillかな？　be going toかな？？？」とまた混乱します。

　まあ、65％とか思うことはあまりないと思いますが、50％以上だな〜とか50％以下なんだよな〜と思うことは必ずあります。そういう場合にパーセンテージで覚えていると、間違いなく混乱します。

「かもしれない」はmight、これでOKです！

未来形第5の仲間：have to

　未来の話をする時には「○○しないといけない」というようなことを言うこともありますよね。例えば、今週末何か予定ある？　と聞かれて、「今週は土日両方会社に行かないといけないんだよ」と答える場合です。

　こういう場合、私たちは「have to」を使います。イギリス英語では「must」を使いますが、口語ではイギリス人以外は主に「have to」を使っています。イギリス人以外は「must」をどちらかと言うと書き言葉として使います。

　さて、この「have to」ですが、これを教える時にも生徒さんによく「強制力がある場合に have to を使えばいいですか？」と聞かれます。これまた「might」と一緒で、そのまま覚えればいいものをわざわざ遠回りして覚えることになります。

　そもそも「しなきゃいけない」ことは「しなきゃいけない」んですよ。強制力とかそういうことじゃなくて、しなきゃいけないことなんです。あなたもしなきゃいけないことに強制力ランキングとかつけてないですよね。

　例えば、今週の土日に、あなたは会社に行かなきゃいけないとしましょう。それはどれくらいの強制力ですか？　行かないとクビになる？　クビになってしまう場合はかなり強制力が強いですよね。でもクビにならない場合の方が多いと思います。そういう場合は強制力がないということでしょうか？　じゃあ、「行かなきゃいけない」わけではないですよね？

　でも、「今週は土日会社に行った方がいいんだよね」とは言わないですね。やっぱり「行かなきゃいけない」の方がしっくりき

ます。ということは「強制力」や「強さ」という概念はあまり意味がありません。それで覚えてもあまりにも中途半端な基準なので、文を作る時に混乱を招きます。

上記の文章を読むだけでもちょっと混乱しますよね。私の文章が混乱を招いているのではなく、have to と強制力を結びつけようとしているから混乱を招いているんです！

これからは「パーセンテージ」とか「強制力」とか「強さ」とかいう理解の遠回りになるような言葉を使わずに英語を覚えてください。

> かもしれない＝ might, may
> しなきゃいけない＝ have to

これで混乱はすべて解消されます！

未来形というか「未来系」

私は未来形を教える時に、たまに「未来系」と教えます。「未来形」だとみなさんすぐに be going to と will を思い浮かべてしまうからです。

実際に未来の予定などの話をする時は現在進行形、be going to、will、might、may、have to を使います。でも学校では be going to と will ぐらいしか「未来形」として習いません。あとの might、may、have to は「助動詞」として習います。

助動詞のところで習うので might、may、have to の意味は知識としてはみなさんお持ちなのですが、「未来の話をする時に使う語句」としては認識していません。だから、「するかもしれないこと」や「しなきゃいけないこと」を未来の話としてする時に

be going to か will かどっちだろう？ と疑問に思ってしまうのです。

これは「括り」の問題です。助動詞は助動詞として括られていて、未来形は未来形として括られているので、「未来の話」となると「未来形」で括ったものしか出てこないわけです。

だから私は「未来形」ではなく、未来の話をする時に使う「未来系」として教えています。

実は、こうした括りの問題を解消するだけで、多くの方は現状の英語の知識で十分に英語が話せます。今のところ、私が教えている文法はみなさんが知っているものばかりです。新しい文法は教えていません。ちょっとみなさんの頭の中を整理して括りを変えてみただけです。

それだけであなたは、

1）自分の話、現状の話、習慣の話（現在形）
2）今やっていることの話（現在進行形）
3）ここのところの話（現在進行形）
4）未来の予定の話（未来形）
5）するかもしれないことの話（might、may）
6）しなきゃいけないことの話（have to）

ができるようになりました。

今持っている知識を少しアレンジするだけで、英語は意外と簡単に話せるようになります。この本を読み終える頃には英語を使ってみたくてたまらなくなっているはずですよ！

未来系第6の刺客:I'm thinking of

まだあるんかい！　と思った方、don't worry!!!　心配無用です。あなたの知っていることしか教えませんから！

日本語で話している時に「○○しようかと思ってるんです」とか「○○するつもりです」とか「○○する予定なんです」と言ったりしますよね。

そういう時にも、多くの方は be going to と will のどちらを使うか迷われます。しかし、英語にもこれらに該当する言い方があります！　今日から迷わずに済みますよ。

「○○しようかと思ってるんです」と言いたい時には、「I'm thinking of ○○ ing.」を使ってください。○○のところには動詞が入ります。

I'm thinking of going shopping.（買い物に行こうと思ってます）
I'm thinking of staying home.（家にいようと思ってます）
I'm thinking of watching a movie.（映画でも観ようかなと思ってます）

ちょっと脱線します。1つ目の文は－ing が続いています。これ、けっこう気になる方がいます。「－ing」が続いていいんですか？　とよく聞かれます。

逆になぜ－ing が続いてはいけないと思うかを聞くと、「同じようなものが続くと変な気がするんですけど」という答えが返ってきます。多分学校で動詞が続いてはいけない、と習っていて、

その延長線上で動詞＋ing も続いてはいけないと勝手に解釈しているのではないかと思います。

　でも何よりもこういった自然な英語が不自然な英語に思えてしまう理由は、「あまり英語に触れていないから」です。英語にたくさん触れていれば、これはよく見る普通の英語表現です。でもあまり英語を見慣れていないので、普通に思えないのです。正しい英語も間違ったものとして考えてしまうのです。

　他にも似たような例があります。

　例えば「get」の使い方。英語の表現で「How did you get to know her?」というのがあります。「どうやって彼女と知り合ったんですか？」という質問です。

　この表現を紹介すると「なぜここで get を使うんですか？」と決まって質問されます。なぜここで「get」なのか。気になりますよね〜。get は色々なところで出てくるので、本当に混乱しますよね。「get up」（起きる）も本当に見る度に混乱しますよね、なんで get なんだ！　て。

　え？　混乱しない？　get up は混乱しないんですか？　じゃあ、「起きる」はなぜ「get」なんですか？
「そんなの知らないよ。『get up』は『get up』っていう決まった言い方なんだよ」

　get up の「get」の意味、理由を知らないけど、気にならない理由はいたってシンプルです。何度も見たり、聞いたり、書いたりしているから、「馴染みがある」。

　一方、「How did you get to know her?」はあまり見たことがない表現なので「馴染みがない」。馴染みのあるものはどんなに不可解なものでも気にならないものです。でも馴染みのないものは

どんなに簡単なことでも不可解に感じます。

　実はこの表現、get で考えてはいけません。get up と同じように get の表現ではなく、「get to know」というひとかたまりなんです。このひとかたまりで「知り合う」という意味の単語として使われます。

　こういう表現を理解するために「get」のニュアンスを理解したい！　という方はたくさんいると思います。でもあなたは get up のようにニュアンスを理解しなくても使っている英語はたくさんあります。第一、この get の説明ができる人はおそらくいないと思います。

　だからあなたがしなければいけないのは、この表現を使うことです。何度も使っていれば、「馴染みがある」表現にランクアップします！

未来系第7の刺客:I'm planning to

　まだあんの?!　と上品なお姉様もちょっと取り乱してしまったのではないかと思います。そう、まだあるんです。でも案ずるなかれ。これも知ってるような表現です。

「○○する予定です」と言いたい時は「I'm planning to ○○.」

を使ってください。
　例えば、I'm planning to move to Azabu Juban.（麻布十番に引っ越す予定です。）

　「plan」（計画）という単語が入っているので覚えやすいですね。

ここでまたこう疑問に思う方もいるかもしれません。I'm planning to と I'm going to の使い分け方。頭が柔らかい方はもうわかっていると思います。別にどっちでもいいです。
　「来週水曜日は予定ある？」とあなたがご友人に質問したとします。「その日はボーリング」と言われた場合と、「その日はボーリングの予定」と言われた場合で、あなたの印象は変わりますか？　「予定」ということは今も計画中なわけで、必ずしも確定とは言い切れないから、変更の可能性もあるわけだな、などとは思わないですよね。そういう意味で I'm planning to と I'm going to も相手にそんなに異なる印象は与えません。日本語と同様、英語もそこまで厳密ではありません。

「英語の感覚」で覚えようとしない方がいいです

　I'm thinking of と I'm planning to を使い分ける時に大事なのは、一方の意味にとらわれすぎないことです。本来は「思っている」と言いたければ、「I'm thinking of」、「予定です」と言いたければ「I'm planning to」を使うのですが、日本語と同様に英語でも厳しく分けて使わなければいけないというわけではありません。
　他にも日本語で言う、「つもりです」と「考えてます」と言いたい時も I'm thinking of と I'm planning to のどちらかを使えば問題ありません。
　英語を勉強している方は、これはこれ、それはそれ、とはっきりと区別してほしいという気持ちがとても強いです。しかし、日本語と同様、区別できなかったり、区別する必要がない、ということがよくあります。
　それを理解しないことには英語の勉強は進みません。

日本語でだって大して区別していませんよね。なんとなく、こういう時はこっち、こういう時はあっち、というぐらいにしか考えていないと思います。つまり、日本語で何となく感覚的に理解しているわけです。

　日本語での感覚はわかるわけです。私がしようとしているのは、みなさんの中に存在する日本語の感覚と英語を結びつけることです。

　英語を勉強している方は、「英語の感覚」という言葉にとらわれすぎています。 英語が話せないのに「英語の感覚」がわかるわけがありません。でも、日本語の感覚はわかります。だからそれを私が橋渡ししているのです。

　ネイティブはどういう感覚でこういう表現を使い分けるんですか？　という質問が本当に多いのです。「○○しようと思っているんです」と言いたい時は「I'm thinking of」を使えばいいんですよ」と説明しても、「think はどういう感覚ですか？　頭で考えること？　心で思うとは違いますか？」というような返事が返ってきます。

　そこで「日本で『思います』って言う時はどっちですか？　頭で考えることですか、それとも心で思うことですか？」と聞くと、「うーん。考えたことないですね。でも日本人だから心ですかね？」みたいなてきとうな返事が返ってきます。日本語でも考えたことがないのに、英語になると考えないといけない、区別できないといけない、と感じてしまうわけです。

　ここまで行くと、出口のない迷路に迷い込んだのと一緒です。迷い込んだというか、あなたは自分から勢い良くこの出口のない迷路に飛び込んだようなものです！　さあ、今ならまだ間に合い

ます。一緒に抜け出しましょう！

未来系のおさらい

1) I'm going shopping.
2) I'm going to go shopping.
3) I will go shopping.
4) I might go shopping.
5) I have to go shopping.
6) I'm thinking of going shopping.
7) I'm planning to go shopping.

　今までは be going to と will で悩んでいたのが、これからはこの７つで悩めばいいのです！　今までは未来の話と言えば、be going to と will の二択だったので、「するかもしれない」予定を言う時にすっごく悩んで、ちょっと違うけどしょうがないという気持ちで will を使っていたのが、これからは自信を持って４番が使えるわけです！
　どうですか、この清々しさ！　迷わないっていいですね〜。

過去形の使い方

　次は過去形をやりましょう！　過去形は過去の話をする時に使う時制です。いたってシンプルなのですが、みなさんけっこう苦戦します。苦戦するのは大抵、過去形を使えばいいのか、過去完了形を使えばいいのかよくわからない時です。

　例えば、「買い物に行きました。」と言いたい場合に「I went shopping.」と言うか、「I had gone shopping.」と言うか迷う方がたまにいます。初心者の方ですと過去完了形はあまり親しみがないので迷いませんが初級、初中級とレベルが上がるにつれ英語に触れる機会が増えてくると逆に迷い始めます。

　ちなみに過去完了形はほとんど使わないので、「先週はこんなことしました」みたいな話であれば過去形を使ってください。過去完了形の使い方は後ほどご紹介しますが、この時制は小説家や新聞記者でないとほとんど使わないので、優先順位はかなり低いです。

　では、過去形と現在完了形の使い分け方をお教えしましょう。

過去形と現在完了形の区別

　過去形にするか現在完了形にするかでも、けっこうみなさん迷われます。例えば「お店が閉まりました。」（完全に閉店した場合でも、今日は閉店した場合でも使えます）と言う場合、「The restaurant closed.」なのか「The restaurant has closed.」なのか

わからないというご質問をよくいただきます。

この場合は普通の過去形、「The restaurant closed.」を使ってください。こういう場合に現在完了形を使うのはニュースなどが報告する際です。あなたがニュースキャスターでない限り、こういう場合には普通の過去形を使ってください。

haveやhadを入れても丁寧にならない

過去形にするべきか、または現在完了形、過去完了形にするべきかで悩んでしまう背景には、haveやhadを入れると丁寧になるとどこかで教わっているからです。

基本的には「have」や「had」を入れても丁寧にはなりません。

The restaurant has closed. の場合ですと丁寧というよりも、ニュースなどで使う堅い言い方と考えておいてください。「今日未明」みたいな感じです。「今日未明に目が覚めたらさ、寝違えたのか首がめちゃくちゃ痛かったんですよ。」と「今日未明」を日常会話で使わないのと同じように、現在完了形を日常会話で過去形の代わりに使うことはあまりありません。

現在完了形の使い方

　現在完了形の使い方はビックリするくらい簡単です。あまりの手応えのなさに腑に落ちないかもしれません。心の準備はよろしいですか？

　現在完了形には5つの使い方があります。1つは先ほどやったニュースなどでの報告スタイルの使い方。これはみなさん使わないと思うので、「済」としましょう。

　現在完了形はこういう形になっています。
I have watched Matrix twice.
（1）主語＋（2）have＋（3）動詞の3つ目のやつ（過去分詞）。

　have は主語によって has になったりもしますが、とりあえず have で話を進めます。
　この（1）＋（2）＋（3）が現在完了形ですが、みなさんラッキーなことにこの形でなんと！　4つも異なる使い方があります！
　そうまたまたラッキーですね。1つの形を覚えれば4つのシチュエーションで使えます。ボーナス問題みたいなものと考えてください。
　現在進行形のところでも言いましたが、4つも使い方があると「え？　そんなに？　使いこなせるかなあ……？」と不安になる方がいらっしゃいます。しかし1つの形を4つの異なる言い方として使えるので、嫌でも使いこなせます。使いこなすことがで

きないなんて不可能です！　どんなにがんばったって、使い分けられちゃいます！　日本語の方が大変ですよ。だってその４つの異なるシチュエーションで、全て違う言い方をしなければいけないわけですから。英語って楽ですね。

　では１つ目の使い方、行きましょう！

現在完了形１：イムランの本読んだことある？

　１つ目の使い方はこういうシチュエーションです。

「イムランの本読んだことある？」
「読んだことあるよ。4冊全部持ってるよ。」

Have you read Imran's book?
Yes, I have read his books. I have all four of them.

「read」の３つ目のやつ（過去分詞）は変わらず「read」という綴りですが、発音は「red」です。
　実際の会話ではここまでフル・センテンス（完全な文）で答えることよりも、「Yes, I have. I have all four of them.」と言うことが多いです。一応、しっかりと文を書けるようになった方が良いので、フル・センテンスにしました。

　現在完了形１つ目の使い方は、以下の５つのことが言いたい時に使います。
　1)「○○したことある？」
　2)「あるよ」

3)「ないよ」
4)「一度もないよ」
5)「○○したことあるんだけどさ……」

　これはみなさんが中学英語で習った現在完了形の「経験」ってやつです。この「経験」が3つの使い方の内、本当は一番よく使うのに、中学校の現在完了形の説明では最後に紹介されます。かわいそうですね、「経験」。
　では英語での形を見てみましょう。英語にするとこんな形です。

1) Have you _____ ?
2) Yes, I have.
3) No, I haven't.
4) No, I've never _____ .
5) I've _____ .

　下線のところに動詞の3つ目のやつ（過去分詞）を入れればできあがりです。1)の質問はyouの後に「ever」を入れて、「一度でも（今までに、生まれてから等）○○したことある？」という強調した質問にもできます。
　2)と3)に関しては、会話の中であればわざわざ文を作らなくても大丈夫です。ただこの後に一言付け加えるといいでしょう。4)と5)は2)、3)と違い、動詞の3つ目のやつを入れてください。

　この形は普通に話していて頻繁に出てくると思います。ニューヨーク行ったことある？　とか、北海道行ったことある？　とか、ピラティスやったことある？　とか、とにかく何でも聞けます。

とても便利な表現なのでドンドン使ってください。

haveの意味は考えなくていいです!

　現在完了形でみなさんけっこう苦戦するのが、「have」の理解。あなたも考えたことありませんか、なぜ現在完了形は「have」を使うのか。一体この「have」にどんなニュアンスが隠されているのか。そしてこの「have」さえ理解できれば現在完了形と似たような文法が全て理解できるのではないかって。

　今日はその「have」の謎を解き明かします。まずこの「have」ですが、少なくとも私たちネイティブはまったく意識していません。どういう意味？　と聞かれたら、特に意味はありません、と答えます。

　意味を意識したこともないし、あえて考えてくれと言われても何も思いつきません。

「have」には3種類あります。

　1つは「持っている」などと言う時に使う「have」。「I have two cars.」（車を2台持ってます。）と言うような時のやつですね。

　2つ目は「I have a meeting tomorrow.」（明日はミーティングがあるんです。）という場合の「have」。これもよくよく考えてみると意味はわかりませんが、大して疑問に思う方はいないと思います。

　そして3つ目が現在完了形や現在完了進行形などで使う「have」です。この3つ目の「have」にみなさん意味を見いだそうとします。英文法の本などでも「持っている」に関連づけて意味合いを説明します。それで納得できる方もいれば、わかったようなわからないような中途半端な気持ちになる方もいます。

私が教える時は、特に意味のない文法上の「have」で便宜上「have」を使っているだけと説明します。便宜上なので、例えば、「mochopu」でも良かったけど、とりあえず「have」になったとお話ししています。

日本人の方は英語の色々なところに「意味」を求めます。これは「理解」する上でとても大事なことなので、良いのですが、何から何まで驚くような、痛快な意味が隠されているわけではありません。

こういう方は大抵、be going to と will の違いのように、あっと驚く発見をしたいわけです。え！ そうだったんだ！ とか、へえ〜そうなんだ！ という納得感が欲しいのだと思います。でもなんでもかんでもそういう理由があるわけではないので、深みにはまらないようにお気をつけください！

現在完了形2：もう○○した？

この使い方はたまに会話で出てきます。覚えておかなければならない必須な使い方ではありませんが、覚えておくとたま〜に使えます。

この使い方はこんなシチュエーションで使います。
1)「もう○○した？」
2)「もうしたよ」
3)「まだしてない」

英語にするとこんな感じです。
1) Have you _____ ?
2) Yes, I have.

3) No, I haven't.

　この会話では「もう」と「まだ」がポイントになります。例えばこんな会話になります。
「もうランチ食べた？」
「もう食べたよ」

「もう」が入るので、実際の会話では「already」を入れたりします。
「Have you had lunch already?」（もうランチ食べた？）
「Yes, I have.」（もう食べたよ）
「No, I haven't.」（まだ食べてないよ）

　勘の鋭い方はこう思っているのではないでしょうか。「過去形の Did you have lunch? とはどう違うんだろう」

　お答えしましょう。意味合いに違いはありません。これも日本語で考えると一瞬で解決されます。
　要は「もう」がついているか、ついていないか。
「ランチ食べた？」
「もうランチ食べた？」

　この違いです。「もう」をつけた方が現在完了形の形になります。

　この説明をしてもよく「どういう時に現在完了形の方を使うんですか？」と質問されます。だから「もう」を付ける場合だって言ってるじゃん！　といつも思うのですが、なぜこのような質問が出てくるのか。それは、先ほども言った「英語の感覚」で理解

しようとしているからです。

　英語が理解できないのに英語の感覚を理解するのは無理です。せっかく日本語の感覚で教えているのですから、日本語の感覚で理解してください。

「もう〇〇した？」と言いたい場合は現在完了形で言えばいいし、「〇〇した？」と言う場合は過去形を使えばいい。

　ただそれだけのシンプルなことなのに、異様に迷ってしまう、異様に混乱してしまうのは、「英語の感覚」で理解しないといけないという間違った認識にとらわれているからです。

現在完了形3：東京に住んで3年になります

　これまたまったく同じ形なのに、まったく違う表現として使います。例えばこんな会話で使います。

　東京にはどれくらい住んでるんですか？
　3年になります。（もう3年になります。）

　前の2つと同様、実際の会話では文を全部言わないのですが、文の作り方は知っておいた方が良いので覚えておいてください。上記を英語にするとこうなります。

　How long have you lived in Tokyo?
　For about 3 years. (I've lived in Tokyo for about 3 years.)

　この使い方のポイントも「もう」と「なります」です。「もう〇〇年も〇〇しています。」や「〇〇して〇〇年になります。」と言う時にはこの形が使えるわけです。

「もう○○しました。」と「もう○年経ちます。」だと同じ「既に」という意味合いになります。つまり現在完了形2、3はよくよく考えてみると日本語でも同じ意味合いになるわけです。これはすごくラッキーです。日本語と同じなので変に難しく考えずに済みます。日本語と同じことを言うつもりで文を作れば良いだけです。

ただ覚え方には注意が必要です。今「既に」という意味合いとお伝えしました。そうすると、みなさん「既に」だけで覚えてしまいます。その他の説明を一切合切忘れてしまいます。

そうすると、「もう○○しました。」ってなんて言えばいいですか？　というような質問をいただきます。普段日本語で話している時は「もう」と考えることは多いですが、「既に」と考えることはそれほどありません。そして「もう」と「既に」がリンクしていないので、現在完了形は「既に」で覚えてしまい、「もう」と言いたい時にはその存在すら忘れてしまいます。

これは勉強法の観点からとても大事なことです。**抽象的な覚え方をすると、実際の会話でポンポン出てこなくなります。**なぜなら、日本語を話す時に、単語の抽象的な言葉を思い浮かべて話さないからです。「もう」と言う時に「これは『既に』のくだけた表現だ」と思って話していませんよね。「もう」は「もう」、「既に」は「既に」と具体的に認識しているので、リンクしません。

単語を使う時は必ずその言葉の抽象的な意味合いをイメージしましょう、なんて言ってもできるわけがないので、これからは英語を覚える時は抽象的な言葉で覚えるのではなく、**日常的に使う具体的な単語で覚えてください。**

現在完了形4：あれから……、あの時から……

4つ目の現在完了形の使い方は「あれから……」「あの時から……」「あの頃から……」です。

例えば、何十年かぶりに友人に会って「（あの頃から）変わってないね」と言う場合は「You haven't changed at all.」と言います。「変わったね」と言う場合には「You have changed.」と言います。

また「あれから」とか「あの時」の対象が短くても使えます。例えば、「陸名さん見た？」と聞く際や「見たよ」「見てないよ」と答える際も、「Have you seen Mr. Rikuna?」「Yes, I have.」「No, I haven't.」と現在完了形を使います（ただし、「はい」と答える場合は大体「Yes, I saw him just 5 minutes ago.」［5分前に見たよ。］と過去形で答えてしまう方が多いです）。こういう場合は、「朝から」とか「さっきから探しているんだけど」というニュアンスが含まれていると思ってください。

あとは否定文の場合は、特定の時から「○○していません」という使い方もできます。例えば「I haven't smoked in 2 years.」（2年、タバコを吸っていません）。ただし肯定文の場合、例えば「2年間、タバコを吸っています」と言いたい場合は現在完了形3と同じになってしまいます。ややこし！　と思う方もいるでしょうが、形は一緒なので、実はややこしくないのです！

一見、難しいように感じる方もいるかもしれませんが、要は「あれから……」「あの時から……」「あの頃から……」というようなことを言いたい時に使えば良いだけです。日本語で「あの頃から」とか「あの時から」という感覚の文を作りたい場合は、迷わず現在完了形を使ってください。

現在完了形5：やっと○○しました、しちゃいました

　日本語で「やっと決めました！」「やっとイムランの家を突き止めました！」「家を模様替えしちゃいました！」なんて言いたい時ってありますよね。そういう時にも実は現在完了形を使うのです。ここまでくると、英語は全て現在完了形でいいんじゃないのかな？　と思ってしまうほどです。

　例えば、「ゴールデンウィークにどこに行くか決めました。」と言いたい場合、「I decided where to go for Golden Week.」でもいいですし、「やっと」というニュアンスを入れたい場合は「I have decided where to go for Golden Week.」と現在完了形で言います。現在完了形の場合は「finally」を入れて文を作ることもできます。「I have finally decided where to go for Golden Week.」

　過去形にして、「finally」を入れることもできます。「I finally decided where to go for Golden Week.」

　もう2つの例も見てみましょう。
「I have found out where Imran lives!」若干犯罪（ストーキング行為）に近いものを感じるので、あまり言わない方がいいですが、こういう使い方もできます。

　そして「家を模様替えしちゃいました」と言う時のように、「○○しちゃいました」というニュアンスを入れたい時も現在完了形で言っちゃいます。「I have redecorated the room.」

　1つの時制の形にいくつかの使い方があると、「難しい」と感じたり、「使いこなせるだろうか？」と不安に感じる人が多いです。しかし、何度も繰り返しますが、1つの形でいくつもの使い方が

可能だということは、使い分けなくていいのです。そんな楽なことってないですよね。

今まで現在完了形は、みなさまに多大な迷惑をおかけしてきました。今後は色々なシチュエーションで使いまくっていただければ幸いです。現在完了形を、どうか末永くよろしくお願いいたします。

「時制が自分の枠を越えてしまう」問題

さて、英文法が複雑に感じる理由はいくつかありますが、その1つが英語の時制が自分の陣地を越えて、他の時制の陣地を侵してしまうことです。

例えば現在進行形！ なんと未来君の陣地に入ってしまったではないですか！ そして現在完了形も片足を過去形に突っ込んだりします。みなさんが英文法で混乱する最大の理由は、実はこれです。

現在進行形なのになぜ未来形でも使うの？ なぜ現在完了形なのに言っていることは過去形と一緒なの？

そういうことが多々あるので、みなさんは混乱するわけです。そしてこれはちゃんと整理して英文法を学ぼう！ と思って本屋さんで良さそうな文法の本を買って読んでみるわけです。読んでいるとすごく頭が整理された気がするのですが、いざ会話になったり、英語表現の本などを読むと、これまた時制がややこしくなる。そしてまた、やっぱり文法がダメだ。もう一度、1から文法をやり直そう！ とこのサイクルを何年も何年も続けていくわけです。

具体的に言うと、先ほど言った、might とか have to はどの文法の本でも助動詞のところでやります。だからみなさん、未来形

と認識していません。そこで英語表現集とかで、未来の話でmight とか have to を使っているのを見ると、あれ？ be going to か will じゃないのかな？ と意識するしないにせよ、混乱するわけです。何かがしっくりこない、そう言った方が良いかもしれません。

　英文法を学ぶ際には「ある時制が他の時制の領域を侵すこともある」ということを常に念頭においてください。

　話はとてもシンプルです。「現在進行形」は 1）現在進行形のことと 2）未来の話をする時のどちらの場合でも使います。話はそこで終わりのはずなのですが、英語を勉強している方は、そこに何かしらの「法則」を見いだそうとします。
「現在進行形」を現在進行形と未来形の両方で使う理由が何かあるはずだと。何か腑に落ちる理屈があるはずだと。
　残念ながらそんなものはありません。私たちネイティブもそんな理由は知らないし、知らなくても普通に使っています。なのになぜあなたはその「理由」にこだわるのでしょうか？
「何となく」ですよね。何となくこだわっちゃうんですよね。理由もなく。これからは「何となくこだわらない」ようにお願いします。
　なぜか「時制」というやつは違う時制の領域でも活動してしまうのです。それだけ覚えておいてください！

現在完了進行形に行く前にちょっとだけ文法のまとめ

よく使う時制は6つです。
1）現在形
2）過去形
3）未来形
4）現在進行形
5）現在完了形
6）現在完了進行形

大した数ではありません。たったの6つ。『よく使う英語表現200』とかの本は「それだったらできそう！」とか言って買うくせに、文法6つで焦らないでください！
しかも、ある時制が他の時制に侵攻していくということは、**それだけアバウトに使っても良い**というわけです。あっちを使っても良い、こっちを使っても良いということですから、あまり難しく考えなくても良いということです。

現在完了進行形の使い方

　現在完了進行形は名前からしておかしいです。現在までに完了しているのに進行しているんです！　どっちだよ！　と言いたくなりますね。現在完了進行形は、例えば「○○年間、○○しています」というようなことを言いたい時に使います。例えば、「東京に 3 年間住んでいます。」は「I have been living in Tokyo for 3 years.」になります。形を説明しましょう。

　I have been living in Tokyo for 3 years.

1) 主語＋ 2) have ＋ 3) been ＋ 4) 動詞＋ -ing ＋ 5) for ＋期間

　主語は「I（私）」で話す場合が多いと思うので、主語は常に「I」だとしたら、1)、2)、3) はそのままで、一切変わりません。4) は動詞に -ing を付ければいいだけです。あとは for と期間を付ければ文の完成です。

　これだけで、「○○年間、○○しています」という文がいくらでも作れます。もちろん、○○日間でも、○○月間でも使えます。
　いくつか例を見てみましょう。

1) I've been studying English for 2 years.（2 年間、英語を勉強しています。）
2) I've been working as an English teacher for 3 months.（3 ヶ月間、英語の先生として働いています。）

3) I've been dancing flamenco for 5 years.（フラメンコを5年踊っています。）

　たまに3）のような文をお教えすると、「5年間ずっと踊りっぱなしだと思われませんか？」という質問を頂戴することもあります。実際に5年間踊りっぱなしだったら、あなたは死んでいるので、たぶんそういう会話にはなりません。ご心配は無用です。

現在完了進行形と現在完了形3の使い分け

　先ほど現在完了形3を説明しました（P.207）。

「I've lived in Tokyo for 3 years.」（東京に住んで3年になります。／東京に住んでもう3年です。）

　この使い方のポイントは「もう」と「なります」だとお話しました。なぜ「もう」や「なります」が大事なのかと言うと、今回覚えていただく現在完了進行形はこの文の「もう」「なります」がないバージョンだからです。
「I've been living in Tokyo for 3 years.」（東京に3年間住んでいます。）

　現在完了形と現在完了進行形の違いは「東京に住んで3年になります」と「東京に3年住んでいます」の違いです。
「その2つはどう違うんですか？」なんて聞かないでくださいね。それは日本語に関する質問ですから。聞きたくなっちゃう気持ちはわかりますよ。でもそれは自分自身に聞いてください。
　この2つの日本語文を何度か声に出して言ってみてください。

「東京に住んで3年になります」
「東京に3年住んでいます」

あなたはこの2つをどう使い分けていますか？

区別するとなるとけっこう大変ですよね。一瞬区別できそうになるけど、もう片方じゃダメってことじゃないよな～って思いますよね。私たちもどう使い分けるかと聞かれたら、あなたと同じ反応になります。

だからあなたが英語を話している時にどっちを使おうが、大した問題じゃないんです。日本語の「もう」や「なります」というニュアンスを入れたければ、現在完了形を使えば良いわけだし、「〇〇年間、〇〇しています」と言いたい場合には現在完了進行形を使えば良いのです。

すごく迷うのであれば、どちらか1つに決めてそれを使い続けてください。それでもう迷う必要はありません！

現在完了進行形は超便利

現在完了進行形は「どれくらい〇〇しているんですか？」という質問をいくらでも聞けるので、会話ですごく便利です。よく聞くのが、「How long have you been 動詞＋ -ing ？」。

1) How long have you been と 2) 動詞＋ -ing の組み合わせです。

実際、この形で聞くことと言えば、「どれくらいの期間」今の会社に勤めているとか、今のところに住んでいるとか、今の趣味をやっているとか、そういう類いの話です。

現在完了形3と現在完了進行形はこれでもう、どういう話をする時に使うかがわかり、文の作り方もわかり、使い分け方とい

うか、「もう」「なります」を付けたい場合はどっちで、「もう」や「なります」を付けない場合はどっちかわかったと思います。あとは、使うだけです。では私に質問するつもりで質問をいくつか作ってみましょう。

1) どれくらい日本に住んでいるのですか？
2) どれくらい英語を教えているんですか？
3) 空手はどれくらいやっているんですか？
4) スペイン語はどれくらい勉強しているんですか？

肯定文の後に付くのはforかsinceが多い

forの後には3 yearsなどの期間が付きます。それ以外に「since」を付けて文章を作ることもあります。「since」は「から」とか「以来」という意味なので例えば、「3年前から」、「2007年から」と言ったりできます。

I've been living in Tokyo since 3 years ago.
I've been living in Tokyo since 2007.

色々と、自分に当てはまる文章を考えて、書き出してみてください。

「期間」を付けないと意味が変わる

現在完了進行形の使い方をもう1つご紹介します。
先ほどは期間を付けていましたが、今度は期間を付けないバージョンです。期間を付けないと使い方が大幅に変わるので、心し

て向き合ってください。

1) What have you been doing lately?（最近、何してるの？）
2) What have you been eating lately?（最近、何食べてるの？）
3) Where have you been staying lately?（最近、どこに泊まってるの？）

　わかりやすくするためにlately（最近）という単語を入れました。実際の会話では入れたり入れなかったりです。入れた方がわかりやすいので、みなさんが話す時は入れてください。私は大体入れています。

　答え方はこんな感じです。

1) I've been working on a new project.（新しいプロジェクトをやってます。）

2) I've been eating a lot of meat recently.（最近はお肉をたくさん食べてます。）

3) I've been staying with my cousin.（ここのところは従兄弟の家に泊まっています。）

　同じ現在完了形でも、期間が付いているか、付いていないかで大幅に意味が変わります。
　期間を聞かれる場合は大抵「How long have you been」が最初に付くので、どちらを聞かれているか混乱することはありません。

そういえば、「最近」って現在進行形にもなかった??

ありました。現在進行形も「最近」というか、ここのところという意味での「今」の使い方がありましたね。そうなってくると、例えば「従兄弟のところに泊まっている」と言う場合、困っちゃいますよね。どっちで言えばいいのか。

1) I'm staying with my cousin.
2) I've been staying with my cousin.

この2つの使い分けはどういう質問をされるかによります。例えば、久しぶりに会った人にはよく、「Long time no see. How have you been doing?」(久しぶり！ 元気だった?)と現在完了進行形を使って聞きます。そういう場合は返事も大体同じ時制で返します。

久しぶりに会ったというシチュエーションではなく、話の流れとか、最近どうしてるの？ という場合は1)の時制を使って話すことが多いです。

会話では咄嗟に判断できる自信がない！ という方もいると思います。大丈夫です。もう一方で答えたからと言って間違いになることはありませんし、ニュアンスがおかしく伝わることもありません。ご安心ください！

ちょっと脱線して、英語学習のコツ

ここでもう1つ、英語学習のコツをお教えします。英語表現

を見てシチュエーションが浮かぶ人と浮かばない人がいます。浮かぶ人は常にシチュエーションを意識して「こういう時に使いそうだな」と考えているわけです。シチュエーションが浮かばない人はシチュエーションを意識しておらず、表現の意味合いで理解しようとしているんです。

　この２タイプの方を比べると、**シチュエーションを思い浮かべる人の方が理解が早いです**。なぜなら、自分が知っているシチュエーションに当てはめて考える癖がついているので、「確かに、こういう時だったら使うよな。自分だったらこういうシチュエーションでこうやって言ってみたいから、こういう文になるかな」と考えるので、一人で勝手に理解を深める憎いやつなわけです。そういえばこの間、会社の陸名さんが堀田さんを探してたな。ああいう時に英語だとこういう返事をすればいいのか、と考えるわけです。

　他方、シチュエーションを思い浮かべない人は、英語表現の文法とか単語とかを気にします。でも自分が知っているシチュエーションを思い浮かべないので、文法や単語の理解で止まります。

　前者は「使う」ということを前提に考えています。後者は「使う」ことではなく、ただの勉強になってしまっています。すごくもったいないです。なので、今まで後者だった方は、自分はこういうシチュエーションだったら使えるよな、と常に考えるようにしてください。

　こういったちょっとしたことが積み重なって、英語学習のスピードに大きな影響を及ぼします。ちりも積もれば山となる、と言いますが、実は紙も積もれば月まで届くのをご存じですか？

　ちょっとしたクイズをやりましょう。

　コピー用紙を何回折ると月まで届くでしょう？

正解は42回。え⁈　と驚きましたね。何万回もかと思ったら、たったの42回！　実際には42回折れないのですが、折れたらの話です。嘘だと思う方は電卓で計算してみてください。
　試しに1ミリ（0.001メートル）のものを折る計算をしてみます。

1回目）$0.001 \times 2 = 0.002$
2回目）$0.002 \times 2 = 0.004$
3回目）$0.004 \times 2 = 0.008$
4回目）$0.008 \times 2 = 0.016$
5回目）$0.016 \times 2 = 0.032$
6回目）$0.032 \times 2 = 0.064$
7回目）$0.064 \times 2 = 0.128$
8回目）$0.128 \times 2 = 0.256$
9回目）$0.256 \times 2 = 0.512$
10回目）$0.512 \times 2 = 1.024$
11回目）$1.024 \times 2 = 2.048$
12回目）$2.048 \times 2 = 4.096$
13回目）$4.096 \times 2 = 8.192$

　とりあえずここまでで勘弁してください。あとはご自分で電卓でお願いします。1ミリのものを13回折ると、8.192メートルに達します。想像しにくいですよね。紙も折れば月まで届くわけです。あなたも英語を勉強すれば話せるようになります。

　なぜこの話をしたかと言うと、ちょっとした意識の違いで英語の勉強の進み具合が大きく変わるということをわかってほしかっ

たのです。常にシチュエーションを意識することもその1つです。そういう小さいことが積もり積もって、英語学習のゴールにたどり着くわけなんです。

シチュエーションを常に意識して考える、ということは特別な才能や能力が必要なことではありません。毎回、意識して考えればいいだけです。誰にでもできることです。それで英語学習が加速するのであれば、やらない手はないですよね。

では戻って、現在完了形4の使い方のシチュエーションをちょっと思い浮かべてください。

英文法二軍を念のため学んでおきましょう

　先ほどお教えした、1）現在形、2）過去形、3）未来形、4）現在進行形、5）現在完了形、6）現在完了進行形が英語で最もよく使う時制です。

　各時制には複数の使い方があります。そう考えると、またみなさんネガティブになっていませんか。こんなにたくさんあると覚えられないって。まず、その英語に対するネガティブな気持ちを落ち着けましょう。

　この6つは確かに複数の使い方があります。でも元は6つしかない。そして、なんと実際に会話の9割はこの6つで済んでしまいます。考えてみてください。本当に色々な話ができます。色々なシチュエーションでの会話が可能なんです。あなたの言いたいことはこの6つで9割は話せます。

　次に学ぶのは残りの1割の会話で使う時制です。ここで説明するのは過去進行形と過去完了形です。

　うわ、難しそう！　と思うことでしょう。しかし、案ずるなかれ。わからなくても大丈夫です。この2つがわからなくても、あとの9割のことはなんら問題なく話せますから！

　過去進行形は過去に進行していたことを話す時に使います。とは言っても、よくわからないですよね。こんな説明で納得してはいけません！

過去進行形は「(その時、あの時)○○してました」と言う時に使います。例えば、こんなシチュエーションです。

「昨日のサッカー日本代表の試合見た?」
「見てないよ」
「え?　何してたの?」
「寝てた」

　最後の「寝てた」は過去進行形です。英語で言うと、「I was sleeping.」
　ここでよく、「I slept.」ではダメですか、という生徒さんがいらっしゃいます。もちろんダメです。なぜだかわかりますか?
「I slept.」を日本語にすると「寝た。」です。

「何してたの?」
「寝た」

　っておかしいですよね。それに尽きます。「I slept.」でも良いかという質問には、英語を英語で理解しようという間違った意識が働いています。先生の中にはここで過去進行形と過去形の使い方の違いを説明し始めますが、そういう問題ではありません。そもそも過去進行形を英語で理解しようとしてしまっているところが問題なんです。
　大方の文法に関する質問は、日本語に直すと生徒さんご自身が「これは間違いだな」と気がつきます。英語で理解しようとするから英語が難しくなるのです。英語は日本語で理解すれば簡単です。ぜひ簡単なままにしておいてください。

さて、過去進行形はいくらでもバリエーションが作れます。

I was watching TV.
I was studying English.
I was cooking.

「○○してました」や「○○中でした」は過去進行形で言えます。早速、昨日のこの時間に何をしていたかを考えて、文を作ってみてください！

なぞ深い過去完了形

過去完了形はみなさん、とても気になるようです。ほとんど使わないのに。会話でもほとんど出てきません。ではなぜみなさん、そんなに過去完了形を身につけたいのでしょうか。それは学生の頃の感覚で、英文法は全て一通り知っておかないといけないと思っているからです。

特に受験を経験している方にはその感覚が強いです。ほとんど使わないのに知っておかないといけないと思ってしまうわけです。これもまた自分自身で英語を難しくしてしまう英語の罠です。

逆に受験を経験していない方というのは、「あまり使わないので覚える必要もないですよ」と言うと、「そうですか。じゃあ、とばしてください」とあっさり過去完了形を捨てます。こういう方は実はけっこう早く話せるようになります。

では過去完了形、行きましょう！

過去完了形は基本的に2つの文、2つの出来事で構成されてい

ます。

I had finished my English homework when he called me.
彼が電話をしてきた時には、英語の宿題は終わっていました。

when（時）の前と後は出来事が1つずつ起こっています。whenの前は英文では「宿題が終わった」。whenの後は「彼が私に電話をした」。

この2つの出来事が同時に起こったのであれば、whenの前後はどちらも過去形でいいのですが、この場合、電話がかかってきた時には宿題を終えていたわけです。

そうなると、両方過去形だとどっちが先かわからない、というか、両方同時になっちゃいます。宿題を終わらせた方が先だということを明確にするために、先に起こった方を過去完了形にします。そうしないと、彼が電話をしてきた時に宿題を終えた、になってしまいます。

過去完了形は2つの出来事のどちらが先かを明確にするための時制なんです。しかーし！ 文中にbeforeとかafterを使うと、嫌でもどちらが先かわかります。

I finished my homework before he called me.
彼が電話してくる前に宿題を終えました。

日本語で「〜の前に」「〜の後に」という言葉があると、どんなにがんばっても混乱しません。英語も同様で、beforeかafterがあればまったく混乱しないので、わざわざ過去完了形にする必

要はありません。だからbeforeかafterを使う場合は両方とも過去形にしちゃいます。

　実際の会話では大体beforeかafterを使うので、実際には過去完了はほとんど使いません。国や地域によって過去完了を好む場合もあるかもしれませんが、基本的にはそれほど使いません。
　ただ小説とか新聞記事などの場合には使ったりします。堅い文面にする場合は好んで使われることもあります。会話で使ったら堅い感じがするかと聞かれると、別にそういうわけではありません。なので使いたければ使ってください。でも使う必要はありません。

　英文法の二軍はここまでです。ここからは三軍になります。

英文法三軍代表、関係代名詞君!

　関係代名詞は難しいです。何が難しいかと言うと、説明するのも難しいし、理解するのも難しいのです。且つ、それほど使わないし、使わなくても良いのです。一度、私の英会話教室の先生がヒステリーを起こしていました。生徒さんがあまりにも関係代名詞の質問を聞いてくるものだから。
「なんでそんな使わないものをそんなに聞くんだ！！！　いつ使うか逆に教えてくれ！」って。
　実際、多くの先生は関係代名詞を覚える暇があるなら過去形、現在形、未来形をちゃんと使う練習をしたら？　クラスで話す内容考えたら？　週末の話を聞いているのに、「Nothing special.」で話を終わらせるのやめれば？　と思っています。

でも知りたいですよね？　なので、教えます。でも先に言っておきますが、さすがの私でもあなたに関係代名詞を納得して理解してもらうのは、難しいです。
　なぜなら今までは、例えば過去進行形であれば、「日本語で言う『寝てました』が過去進行形だから『I was sleeping.』になります」と説明してきました。でも関係代名詞には日本語に相当する表現がないので、結局文法の形の説明に終わってしまいます。よくある説明がこんな感じです。

I know a doctor. He lives in Azabu Juban.

この文を関係代名詞を使って1つの文にするとこうなります。

I know a doctor who lives in Azabu Juban.

　上記の2文を1文にしたことによって、意味に違いが生まれるわけでもなく、響きが良くなるわけでもなく、かっこ良くなるわけでもありません。何かを得したかと聞かれると、単語数が減ったわけでもないし、逆にheがwhoになって一字増えたじゃないか！　と思います。あ、でも点を打たなくて良い分、結局一緒か！と思うわけです。
　要はこの2つを合体させても大して得をしないわけです。

　そもそもどういう時にこういう会話になるか。私なりに考えてみました。
　「良い医者知らない？」と聞かれて、「麻布十番に住んでる良い医者知ってるよ」と答える場合などに使えます。
　こういう人知ってるよ、とかこんなレストラン知ってるよ、と

いうようなことを言う場合に使えるかもしれません。でも使わなくても良いです。
　例えばレストランであれば、

There is a restaurant in Azabu Juban, which has a big pool on the top floor.
麻布十番に最上階にプールがついているレストランあるよ。

　こういうことを言う場合も「どこか変わったレストランない？」と聞かれて、答える場合に使います。
　実際の会話で「There is a restaurant in Azabu Juban. They have a big pool on the top floor.」と言っても一切違和感はありません。
　それよりも大事なのが、その後の説明です。ここで話を終えるのではなく、どういうところか、どういう料理かなど自分の感想を交えて相手に説明することの方が大事です。
　例えば、あなたが関係代名詞を使ってこの文を言っても、後の説明が続かないようであれば、相手はあなたを話し下手だと思います。
　関係代名詞よりも大事なことはいくらでもあるので、まずは大事なところをしっかりと押さえてから、関係代名詞を学びましょう！

前置詞などの覚え方

　時制はこれくらいにして、そろそろみなさんの混乱の相棒、前置詞の覚え方をお話しましょう。

　たまにレッスンで in とか at、そして for などが出てくると、多くの生徒さんは「in の使い方がまだよくわからないんです」「for の使い方がどうしてもわかりません」とおっしゃいます。

　実は「in」の使い方、「for」の使い方などは存在しません。

　存在するのは「prepositional phrase」、前置詞句のみです。「前置詞」のみで考えることがそもそも間違いです。

　英語本などではよく「for」の使い方やニュアンスを教えようとするものがありますが、ちょっと無理があります。ウェストが 80 センチなのに 70 センチのジーンズをはくようなものです。最初は「お、大丈夫そうだ。いけるぞ！」と思うのですが、時間が経つにつれて辛くなってきます。

　前置詞も同じです。最初の 1 つか 2 つの例を見て、「お、なるほど！　これだったらわかるぞ！」と思うのですが、5 つ目、6 つ目に差し掛かってくると、ちょっと無理かもと思うわけです。

　例えば「for」の使い方。「ために」という意味で覚えている方もいると思います。This is for you. など、プレゼントと渡す時に使う表現はピンときますよね。for me、for you、for my mother とかだとわかりやすいですよね。for を「ために」で覚えているので、「I went for shopping.」という文を作る生徒さんもいます。

　そうなると、例えば、「He is good for an amateur.」（アマチュ

アにしては上手だ。）という文を見ると、「ために」に当てはまらないので、意味がわからなくなり、前置詞が難しいと思ってしまうわけです。

この使い方もひっくるめて「for」の使い方を考えるよりも、「good for a (n) ○○」という使い方で覚えてしまった方が、正しいし、表現力がアップします。逆もいけるわけですから。「bad for a (n) ○○」（○○にしては下手）。

前置詞の使い方をマスターしたい！　という方は英語を実際に話す前に英語をマスターしておきたい、という気持ちがすごく強いのです。間違えたくない、だから話す前にマスターしたい！　でも、第1部でも言いましたが、話す練習をしないとそもそも上達しないので、ちょっと意識を変える必要があります。

英語学習に関しては、私はみなさんに「生涯現役」をすすめます。 生涯勉強をし続けるという気持ちでいれば、新しいことを習う度にプラスの学び、プラスの喜びになります。

しかし、間違えると恥ずかしい、マスターしてから話そう！　と思っていると、わからないことがある度にマイナスの学びになります。「この表現知らなかった……もっと勉強しなきゃ」「forもうまく使いこなせない。もっと勉強しなきゃ」というマイナスの落ち込みがドンドン増えていきます。残念ながらマイナスの落ち込みはいくつあってもプラスにはならず、マイナスを加速するだけなので、ある日、英語の勉強が嫌になります。そして英語をあきらめてしまいます。

そうならないように、英語学習は「生涯現役！」をモットーに勉強してください！

前置詞は「前置詞句」で覚えましょう

　前置詞は全て前置詞句として覚えてください。そうすれば、前置詞を難しいと感じることはありません。ここではよく使う前置詞句をお教えします。

> in ＋場所
> at ＋場所

　at を使うのは 1 つの場所や建物を指す時です。例えば、コペルで待ち合わせしましょう、と言う場合、コペルは 1 つの場所なので、at を使います。「Let's meet at Coper.」となります。図書館とか駅も同様に 1 つの場所なので、at を使います。図書館で待ち合わせしましょう、と言う場合、「Let's meet at the library.」になります。

　それ以外のところ、町の名前とか国の名前の場合には全て in となります。I was born in Akita.（私は秋田生まれです。）「私は秋田の三種町で生まれました。」と言う場合も「I was born in Mitanecho in Akita.」と in を続けて使います。「in が続いていいんですか？　1 つ目が in だったら 2 つ目は at にしたりとかそういうことはないんですか？」とたまに聞かれます。もちろん、「ないです」とお答えするわけですが、そもそもなぜ in が 2 つ続くとダメだと思うかを聞くと、「何となく」とみなさん答えます。何度も言いますが、その「何となく」が実は色々なところで英語学習の邪魔をするんです。

　次は時間関連の前置詞です。

> in ＋月、年
> on ＋日
> at ＋時間

　これはもう上に書いたままです。月や年を言う時には in を使います。日まで入っていれば on。そして時間が入っている場合には at です。

　よく英文法の本には on の使い方を説明しているものがあります。そうすると、日だと on だから、その日に乗っている感じなんですと説明されていたりします。何となく理解できる気もするのですが、これが「It's on me.」（私のおごりです。）になると、この on のイメージを関連付けるのが難しくなります。だったら、「It's on me.」は「私のおごりです。」で覚えちゃえばいいかなと思うはずです。

　前置詞は要はそういうことなんです。on とか at の単体の理解ではとても追いつかず、逆に混乱してしまいます。だから前置詞句レベル、表現レベルで覚えていってください。

よく使う前置詞句シリーズ

　20個ほど、よく使う前置詞句をご紹介します。in、on、at などの前置詞が入っているものが多いです。例えば、in は「中にある」というイメージだと言われますが、以下の前置詞句だとそれがまったく当てはまらないことがおわかりいただけると思います。だから、「前置詞」で覚えてもまったく意味がないばかりか、逆に混乱してしまいますので、これからは「前置詞句」を何卒よろしくお願いいたします！

1) In a nut shell, my plan is to buy a new car.
   簡単にまとめると、新しい車を買う予定です。

2) In other words, you want to quit your job.
   言い換えれば（つまり）、あなたは仕事を辞めたいんですね。

3) In the long run, it'll be better to do it.
   長い目で見ると、した方が良いと思うよ。

4) He will know before long what he has done.
   彼は自分が何をしたかすぐわかるでしょう。

5) He's been on edge ever since he broke up.
   彼は彼女と別れて以来、いつもそわそわしています。

6) Do you have a pen on hand?
   今ペン持ってる？

7) I didn't do it on purpose. It was an accident!
   わざとやったわけではないんです。あれは事故です！

8) I'm feeling a little under the weather today.
   今日はあまり体調が良くありません。

9) My marriage plan is still up in the air.
   私の結婚の予定はまだ決まっていません。

10) He is an up-and-coming experienced lawyer who might save you.
彼は将来有望で経験豊富な弁護士で、あなたの力になれるかもしれません。

11) To make the long story short, we broke up.
話を短くすると(要は)、別れたんです。

12) To be on the safe side, you should bring a little more cash.
念のため、もう少しお金を持って行った方が良いと思います。

13) Hiring him is out of the question.
彼を雇うなんて問題外です。

14) If you do that, I'd think you're out of your mind.
もしそれをしたら、あなたのことどうかしてると思います。

15) Imran is always on time.
イムランはいつも時間通りです。

16) His name is on the tip of my tongue, but I just can't remember!
彼の名前もう少しで思い出せそうなんだけど、思い出せない！

17) One thing I like about her is that she is always above board.
彼女のことで好きな所はいつも正直でオープンな所です。

18) He decided to stay, after all.
（色々あったにもかかわらず）結局彼は残ることにしました。

19) It was love at first sight. I had to marry her.
一目惚れだったんです。絶対彼女と結婚しないと、と思ったんです。

20) At this point, it's too late to go back.
この時点では、もう戻るには手遅れです。

冠詞の基本的なパターン

　冠詞もまた、使う前にマスターするというよりも、ある程度の理解をベースに考えて身につけていくと考えてください。ちなみに冠詞を間違えたぐらいで話が通じないということはありません。相当に KY な人でない限り冠詞を間違えたぐらいで話がわからなくなる人はいませんので、安心してください。
　では基本的なパターンをお教えします。

1) I watched a movie. The movie was great.

　ある会話に初めて出てきたら「a」を使って、2 回目以降は「the」を使います、というよくみなさんが説明を受けるやつです。実際は会話で初めて出てきたら、「a」というわけではなく、**話している人たちの間でどの映画の話かわかっている場合は「the」を使って、どの映画かわからない場合は「a」を使います。**
　この文の場合には、最初は例えば週末は映画を観ました、という話をしたとします。その時には相手はこの映画のことは知らな

いので、「a」を使います。次に「その映画は」と言っているのですが、その時点で何の映画かはわかりませんが、映画を観たということは知っているので、「the」になります。

　これで一応の整理はつきましたね。でもまだちゃんと区別できるかな？　とちょっと不安ですよね。その不安を拭うためにはアウトプットするしかありません。自分で色々と文章を作ってみてください。その際に「a」にするべきか、「the」にするべきかを考えながら文を考えてください。
　実際の会話でもいいですよね。会話中に「a」と「the」の違いを意識して、区別しながら話してください。そうすれば少しずつ「a」と「the」が区別して使えるようになります。
「もっと理解してから使いたい」と思う方もいるでしょうが、もっと理解するためには使わないといけません。自分で文を作りながら区別する方が、会話で区別するよりもハードルが低いので、おすすめではあります。
　自分で文を作ることができないから、文を用意してほしい。それで「a」か「the」か当てたいです、と言う方もいます。それでもいいんですけど、自分で使いそうな文じゃないとあまり意味がないので、やっぱりダメです。ちゃんと自分で文を作ってみましょう！

2）I watched <u>the</u> movie.

　この場合は映画を観た人が、「あの映画観たよ」というつもりで言う場合です。本来は2人の間で共通の認識がある場合に「the」を使うのですが、このように片方が、**「あれだよ！」みたいに言う時にも「the」が使えます。**

3）I watched two movies.

これは 1）の場合の複数版です。どの映画かという共通の認識がなく、且つ 1 つではなく 2 つなので、「a」も使いませんが、特に冠詞は入りません。

4）I watched the two movies.

これは 2）の場合の複数版です。この場合はどの映画か共通または片方の認識があるので、「the」が入ります。

たまにどれに当てはまるのかよくわからないものがあります。そういう時は、「こういう時はこっちなんだな」と思うようにしてください。
英語学習者の悪い癖としてよくあるのが、そういう時に「なんでだろう？」と考え込んでしまうことです。「なんでだろう？」ではなく、「こういう時はこっちか」と思うように心がけてください。

英文法を「自分のものにする」とはこういうことです！

今、この本を読んでいるあなたは一通り、優先順位の高い英文法を学んだわけですが、どうですか？　身についていますか？
そもそも**「身についている」というのはどういうことかと言うと、「使える」ってことですよね。**
多くのは方はまだ「言われたらわかる」レベルの身に付け度合いだと思います。現在完了形はこういう時に使いますよね、と言えば、「そうですよね」と言えるレベル。

次のレベルは何かというと、「自分でも説明できるレベル」です。このレベルまで行くと、使う時に意識して文法を使い分けるようになります。「言われたらわかる」レベルだと、話す時に文法をほぼ意識せず、とりあえずてきとうに話している方が多いです。そして時制が違うことを指摘すると、「あ！　そうだった！」みたいな反応をします。
「あ！　そうだった！」レベルの方が文法を使えるようになるためには、自分で文法を説明すればいいだけです。先ほどお教えしたので、それを真似すればいいだけです。

　ここで大事なのが「自分でも説明できるレベル」になれるようにがんばることではありません。早速自分で説明をしてみることです。現在形、現在進行形、現在完了形など、順に説明していってください。できなければ、まだちゃんと理解できていないので、頭の中を整理してみましょう。
　これは文法の本を何冊も読むより、何倍も効果のある方法です。自分が理解するためには人に教えてみる。古(いにしえ)より言われ続けている最高の勉強法です。そして自分の理解を向上させるのに最も効率的なやり方です。

第5部
実践編

あとは外国人に話しかけるだけ！自分のことをすらすら話せるトピック作り

第5部では、私の学習法を実践していただきます。

　第4部までに英語学習の方法をお教えしました。でも、ほとんどの方は「すごく勉強になった！　で、結局何をすればいいの?!　もう一度整理して教えて！」と思っているはずです。

　そうなんです。細かいところまですべて教えちゃうと逆によくわからなくなるんです。でも大丈夫！　Don't worry！！！　あまりの情報量、範囲の広さに混乱しているのは、あなただけではありません。私もです！

　なので、この第5部では今まで私がごちゃごちゃと言ってきたことをとりあえず、すべて忘れていただいて、また1から始めましょう。ここまでたどり着いて、よくわかんないけど、モチベーションは上がっている、何をすればいいかわからないけど、とりあえずやる気はあります！　という状態になっていれば、あなたと私の勝利は目前です。あとは1ステップずつ実際に、ワクワク英語ランドへのくねり道を歩いていきましょう！

　第5部ではレッスン形式にて、ステップ・バイ・ステップで「あとは外国人を見つけて話すだけ」というところまでお連れします。では行きましょう！

Lesson 1：自己紹介を作りましょう

　自分の基本情報ぐらい言えるようにしておきましょう。「英語で自己紹介してください」と言うと、大抵の方は「え？何言えばいいですか？」と聞き返してきます。日本語だと「自己紹介って何を言えばいいですか？」ということにはならないのに、なぜか英語でと言うと、みなさんそう言います。なので、英語での自己紹介をきっちりと教えます。

　現在形のところでもやっていただいたのですが、ここではもう一歩進んだ自己紹介を作ってみましょう。実際に改まってこんな自己紹介をすることはそうそうありません。

　しかし、今からみなさんに用意していただくのは自己紹介というよりも**「自分のことリスト」**です。自分のことぐらいは答えられる、話せるようでないといけませんよね。自分の情報もきちんと言えない人と一体何の話ができるのか、というそもそもの問題がありますので、初心者の方も自分のことぐらいはしっかりと言えるようになっておきましょう！

初心者レベルの自己紹介

　初心者レベルの自己紹介ではまず挨拶、名前、仕事、住まい、趣味などについて言えれば十分です。ここでは趣味をあえて「英語の勉強」にしました。あしからず。

0) Hi, nice to meet you.（はじめまして。）

1) I'm Kumiko.（くみこと申します。）⇒英語で名乗る場合は正式な場でない限り、ファーストネームのみで OK です。
2) I live in Azabu Juban.（麻布十番に住んでます。）
3) I'm a nurse. I work at a hospital in Azabu Juban.（看護師をしています。麻布十番の病院に勤めています。）
4) I'm into diving and I take English lessons once a week.（ダイビングにはまっていて、あと週 1 で英語を習っています。）
5) I study English because I want to be able to speak English fluently when I travel abroad.（英語を勉強しているのは海外に旅行に行った時に英語をスムーズに話したいからです。）
6) I've been studying English on and off for about 2 years.（英語はとびとびで 2 年ぐらい勉強しています。）

　これだけ言えれば、まずは最低限の情報で会話が可能です。これくらいの情報量があれば、会話をスタートすることができますし、少しの間でも話ができます。この情報をベースに相手が質問してくるので、会話が続きます。
　もしこれらの情報さえ、ちゃんと言えなければどうでしょう？
　会話が続かないし、これだけシンプルな内容なのに、会話にやたらと時間がかかってしまいます。
　初心者の方、初級者の方はまずこの程度の自己紹介をスターティング・ポイントとしてください。
　初心者用の自己紹介では 6) 以外は現在形です。4) の前半部分は「I scubadive.」と言っても良いのですが、「はまっている」「夢中になっている」という意味の「I'm into」も学んでいただきたかったので、「I'm into」にしました。「I'm into」の後に続くものが動詞であれば「ing」を付けてください。「English」などの名詞であれば、何も付ける必要はありません。

6)は「○○している期間」を表すので、現在完了進行形を使って表します。第4部でやったのですが、覚えていますか？ 覚えていない方も案ずるなかれ。「なんかやったな〜」というぐらいで問題ありません。若干親しみがある、というレベルでかまいません。本格的に英語の勉強を始めたのはこの本を読み始めてからという方も多いでしょうから、自分のハードルを上げないでください。今覚えちゃえばいいだけの話ですからね。

中級&上級レベルの自己紹介

ここで一気に中級者レベルの自己紹介に行きましょう！ 本当は私のレベルシートをベースに1レベルずつあなたのレベルを上げようと思ったのですが、一気に中級／上級レベルの自己紹介をご覧にいれます。トピックが変わるのがわかりやすいように、トピックが変わるところに線を入れています。

0) Hi, nice to meet you.
1) I'm Kyoko.
2) I live in Azabu Juban.
3) I've been living in Azabu Juban for 10 years.
4) I used to live in Toyosu before I moved to Azabu Juban.
5) I moved two years ago, because my office moved from Kinshicho to Hiroo.
6) But, I'm originally from Hiroshima.
7) I moved to Tokyo when I was 20.

---

8) I work for an advertisement company.

9) I've been working there for over 12 years.
10) I used to work for an IT company.
11) I think I'm better suited for the advertisement industry.
12) The pay is better, my hours are better, and I really enjoying coming up with ideas for commercials.
13) When I worked for an IT company, I enjoyed the work, but my hours were very long.
14) I worked from 8 in the morning to 2 in the morning.
15) I usually went home by taxi.
16) I was killing my personal life, so I decided to look for another job.
17) Luckily, my friend referred me to the current company and that's how I started working here.

---

18) I'm into diving and I take English lessons once a week.
19) I go scubadiving twice a year.
20) I try to go to different places every year.
21) Last year, I went to Bali.
22) I'm planning to go to The Maldives next year.
23) I've never been there, so I'm really excited.

---

24) I also study English.
25) I take English lessons at a school in Azabu Juban once a week, usually on Thursdays and I study on my own almost everyday.
26) I've been taking English lessons for over 5 years now.
27) I study English because I want to be able to speak English fluently when I travel abroad.

28) 6 years ago, I went to New York by myself.
29) It was my first trip abroad on my own.
30) I didn't have any problems until I got to the hotel.
31) I got a nice room, but I didn't get any hot water in my bath.
32) I tried explaining to the hotel staff that I wasn't getting any hot water, but I couldn't explain properly.
33) The hotel staff came to see and I explained about it with gestures.
34) I was shocked that I couldn't explain such a simple thing in English and I decided to really study English.
35) When I came back to Japan, I looked for an English school and I found Coper, the school I go to now.
36) I went for a trial lesson and joined right away.
37) I'm in the intermediate class.
38) I really enjoy studying English.
39) I can't wait to attend the next lesson.

　これが中級、上級レベルの自己紹介です。初心者や初級者の方はこの自己紹介を見て、ちょっとビビったかもしれません。
　繰り返しますが、改まってする自己紹介というよりも、自分のことをある程度しっかりと説明できるという意味合いでの「自己紹介」です。要はこれぐらいの自己紹介ができるなら、ある程度ちゃんと自分のことを話せるだろうということです。

　実際の会話では、あなたが説明している間に相手が質問を挟んでくる可能性がとても高いです。ある程度の説明を事前にできるようにしていれば、すぐにその答えが出てきます。でも、事前に用意していない、事前に考えてもいない方の場合、質問をされて

から考える時間がとてつもなく長くなります。

　自分のことというのは、大した難易度ではありません。いくらでも事前に考えておけることなので、ぜひ用意してください。

　この「用意」というのは、単純にこの話ができるようになるだけではありません。数々のメリットがあります。その最たるものが、**「英文を考えるのが早くなる」**ことです。

　英文を考えるのが早くなればなるほど、会話はスムーズになっていきます。最終的にはみなさん「英文を考えるスピード」を上げなければいけません。この「話すことを用意する」という作業を通して、「英文を考えるスピード」を上げていきましょう。

　さて、まずは初心者レベルの自己紹介、そして中級＆上級レベルの自己紹介をご覧いただきました。

　あなたが次にやることは、まず初心者レベルの自己紹介を用意することです。ほぼ単語を入れ替えればいいだけなので、まずはそれをしてください。わからない単語があればアルクの英辞郎を使ってください。

　たま〜にいらっしゃるのが、自分の自己紹介を作る際に、わからない単語があると、「私、この単語も知らないので、自己紹介の前に単語を覚えます」という方。そういう方に私は言いたい。

　シャーラップ！　お黙り！　黙って言われた通りにまずは自己紹介を作りなさい！

　知らない単語は調べれば知っている単語になります。なので、知らない単語、知りたい単語が出てきたら、その都度調べて覚えればいいのです。単語を一から勉強する必要なんてありません。

　まずは基本的な自己紹介を作り、そこから中級、上級サンプル

を参考にしながら少しずつ情報を足していってください。難しく考えずに1つ1つコツコツやりましょう。そうすれば、必ず月まで行けます。

そして中級／上級レベルの自己紹介では、本書でご紹介した時制の内、優先順位が高いものをけっこう入れています。そして説明の仕方なども含めているので、それも少し意識しながらもう一度読んでみてください。

ただ闇雲に言いたいことを書き出したのではなく、これまで説明してきた「説明の仕方」に倣(なら)って書いただけです。こういった長い会話を書き出すのに必要なのは想像力ではなく、ルールです。そのルールはお教えしたので、あとはこの第5部で少しずつ実践しましょう！

初心者レベルの自己紹介を作ってみましょう

0) Hi, nice to meet you.

1) _____

2) _____

3) _____

4) _____

5) _____

6) _____

中級&上級レベルの自己紹介を使ってみましょう

　このレベルの自己紹介はすぐに出てこなくても大丈夫です。サンプルを参考に、少しずつ書き出してみてください。何も思いつかなければ、そのまま手書きでコピペをしてもいいですよ。

0) _____

1) _____

2) _____

3) _____

4) _____

5) _____

6) _____

7) _____

8) _____

9) _____

10) _____

11) _____

12) _____

13) _____

14) _____

15) _____

16) _____

17) _____

18) _____

19) _____

20) _____

21) _____

22) _____

23) _____

24) _____

25) _____

26) _____

27) _____

28) _____

29) _____

30) _____

31) _____

32) _____

33) _____

34) _____

35) _____

36) _____

37) _____

38) _____

39) _____

ここまでお付き合いいただき Thank you very much!

39) まで書けていれば、こんなに書くことがあれば、あなたはもう立派な「英語変態 ©」です。もうあなたの道を阻むものはありません。あとはワクワク英語ランドへの階段を、一段一段スキップしながら一緒に上っていきましょう！

Lesson 2：基本的な質問に答えられるようにしておきましょう

外国人と話す際、シチュエーションは色々とあると思いますが、多くの場合はお互い質問をし合って話を進めていくことが多いです。例えば、好きな食べ物は？　とか好きな映画は？　とか。

そういう話にならない場合ももちろんありますが、そういう基本的な情報はしっかりと言えるようになっておいた方がいいです。好きな食べ物、好きな映画の話もできないのに、普通の会話ができるのかなと思われてしまいます。なので、基本的な質問には答えられるようになっておきましょう。

会話の練習としても、基本的な質問に答えるというのはとても有用な方法です。

基本的な質問に答える練習をする時に大事なのが、**一言で答えないこと**。初心者であれば、一言でもしょうがないのですが、初心者ではない、あるいは初心者を抜け出したい！　と思っているならば、「一言答え」ではなく、二言、三言、四言とご自分の課題に合わせてドンドン言うことを増やしていきましょう。私の例をご覧ください。

例：What kind of food do you like?

1) I like all kinds of food, but I especially like Japanese food.
2) I like sushi, karaage, and Japanese curry.
3) I usually eat sushi at rotary sushi restaurants.
4) My favorite one is in Mita, near Tamachi station.
5) I usually eat ama-ebi, chuutoro, ikura, and engawa, but my favorite sushi is squid.
6) The sushi restaurant in Mita has the best squid.
7) They are not so expensive, so I really like the restaurant.
8) I usually go to the restaurant with Shimon.

　好きな食べ物を3つ挙げました。その内1つだけしか触れていませんが、8文程度になりました。こういうことを事前に考えておくと、例えば「回転寿司」ってなんて言うんだろう？　って思った場合、事前に調べることができます。

　準備をしないと、事前に調べないので、質問をされて初めて「回転寿司」ってなんて言うんだろう？　と思うことになるのですが、時既に遅し。話をしている時に辞書を開くわけにもいかないし、ジェスチャーで説明しても味気ないし、調べておけばよかったな、と後悔することになります。

　事前にこういうエクササイズをやっておくと、使う可能性が高い単語を事前に学べます。当然効率も良いですし、学習効果がとても高くなります。

　いいでしょ、先にこういう準備をしておくのって。全てが身になるのです。ぜひこういう練習をたくさんしてください！

基本的な質問に答える2つのメリット

基本的な質問を用意しました。まずはこういった質問に答えてみてください。そうすると、2つのメリットがあります。

1）自分が会話で使うであろう単語が判明します
2）会話の仕方が身についてきます

多くの方は自分には単語力がないから会話ができないと思っています。多くの場合、これは単語力が足りないのではなく、ネタ力が低いためだというのは既にご納得いただけていると思います。それでもやっぱりネタが思いつかない方でも、これらの質問に答える練習をしていると、その過程で知りたい単語や英語表現がたくさん出てきます。自分が使うであろう単語を効率的に学べるので、ぜひドンドン答えていってください。

また、この練習を繰り返していると、自然と会話量、説明量を増やさなきゃと無意識に刷り込まれていくので、メリットが大きいです。会話量、説明量を増やすことを常に意識していれば、一言か二言しか話さない自分に違和感さえ覚えます。ぜひ、ドシドシお答えください！

まずはとっつきやすい食事ネタからいきましょう。

食事編

What kind of food do you like?

What food do you hate or avoid?

Do you cook?

Do you eat out a lot?

テレビ、映画、ドラマ編

Do you watch TV?

What kind of programs do you usually watch?

Do you have a favorite comedian?

Do you watch movies or dramas?

Are you into any dramas?

What movies or dramas do you recommend?

音楽編

What kind of music do you usually listen to?

Who's one of your favorite singers or groups?

What's one of your favorite songs?

Do you sing?

Do you like karaoke?

Have you been to anyone's concerts?

スポーツ編

Do you play sports?

What sports do you like to watch?

What sports do you dislike?

Do you go to the gym or exercise?

Do you like sumo?

Would you like to try any sports?

Lesson 3：基本的な質問が できるようにしておきましょう

　Lesson3 ではちょっとしたトピックについての質問を用意しました。まずはこのあたりの質問ができるようにしておきましょう。次ページの日本語の質問を英語で聞けばいいわけですが、どうですか？　英文はすぐに出てきますか？

　出てくる方はブラボー！　もう外国人と英語で話す準備はほぼできています。もう少しで街行く外国人に声をかけて会話を楽しめるようになりますよ！

　出てこない方、大丈夫です。答えはほぼ前のページにあるので、あとは発音練習をしてこれらの表現を何度も口から出して、身体に馴染ませていけば、すぐに街行く外国人を取っつかまえて英語を話すことができます！

　実は以下の質問、全て先ほどあなたに答えてもらった質問なんです。さっきは質問の意味が大体「理解」できたと思います。英語→日本語ってすごく簡単なんです。単語があるから、単語を見れば大体の内容は連想できる。でも日本語→英語はそうはいきません。ちゃんと覚えていないといけないわけです。

　多くの方は英語本とかを見て「英語」→「日本語」の順番で見て、「わかる」と認識しています。でもさっきも言いましたが、こんなのわかって当たり前です。「わかる」と言っていい内にも入りません。大事なのは、「日本語」→「英語」が出ること。**だからあなたには「日本語」→「英語」のトレーニングが必要です。必要というか、それをやらないといつまでも、何百年**

勉強しても英語力は大して上がりません。

　以下の質問の英語はちょっと前に戻ればすべてあります。だから、安心してください。そして答えを見るのは明日のお楽しみにとっておくことを決めて、今から30分間、以下の日本語の質問を英語にしてみましょう。

　このエクササイズをやる際に大事なのが、答えが合っていたら自分を誉め称えること。そして間違っていたら、「へえ～、そうやって言うんだ」と言うことです。決して「こんな簡単な質問もわからなかった」と思ってはいけません。そして「文法」からやりなおそうとか、そういう思考も止めてくださいね。それは百万年かけても英語が話せるようにならない人の思考ですから。

　では早速行きましょう！

　質問の発音練習ができる動画を作りましたので、ぜひご活用ください！

www.coper.biz/koreyomu

食事編

どういう食べ物が好きですか？

好きな食べ物は何ですか？

嫌いな食べ物か避ける食べ物はありますか？

料理したりしますか？

よく外食するんですか？

テレビ、映画、ドラマ編

テレビは見たりしますか？

いつもどんな番組を見ているんですか？

好きな芸人はいますか？

映画とかドラマは観ますか？

はまっているドラマはありますか？

おすすめの映画かドラマはありますか？

音楽編

いつもどんな音楽を聞いているんですか？

好きな歌手かグループはいますか？

好きな歌はありますか？

歌ったりしますか？

カラオケは好きですか？

誰かのコンサートに行ったことはありますか？

スポーツ編

スポーツはしますか？

どのスポーツを観るのが好きですか？

嫌いなスポーツは何ですか？

ジムに行ったり、何か運動していますか？

相撲は好きですか？

やってみたいスポーツはありますか？

Lesson 4：ちょっと長めに話せるネタを1つは用意しておきましょう

　その場で何でも話せるようになりたい！　という気持ちはよくわかります。だからこそ、まずは1つのネタから始めないといけません。1つ目のネタで「ネタの用意の仕方」をマスターすれば、その後もネタ作りができます。まずはこの一歩を確実に踏み出しましょう。
　ネタを用意するとは言っても、とりあえず好きなことをドンド

ン書き出してください！　と言うのも乱暴な話なので、私がステップ・バイ・ステップでネタの作り方をお教えしましょう。

　趣味の話がとっつきやすいので、そこから行きましょう。私の表の趣味は「フットサル」ですので、こちらで話を進めてみましょう。え？　表の趣味がフットサルなら裏の趣味は何かって？　それは次の本でお教えします。

　さて、スピーキングの勉強法で説明した「Introduction」「Body」「Conclusion」を覚えていますか？　ここではそれを存分に練習しましょう。身体に染み込んでいくのがわかるぐらいしっかりとやっちゃいましょう！
　今回は質問をされたという想定でネタ作りを説明します。

「What's your hobby?」や「What do you do on the weekends?」と聞かれたとしましょう。
　まずは「Introduction」ですが、これは質問に対する答えです。そしてその後の「Body」で説明をするのですが、それはかっこ内の質問に答えるつもりで話を進めます。

Introduction【出だし】
I play futsal.

Body【説明】
(Why) I used to play soccer in university, but when I started working, it was difficult to find a soccer field and people to play with. So, I decided to play futsal. There are many futsal courts and we only need 10 people to play futsal.

(Who) I usually play with my friends from work.
(Where) I usually play in Osaki, but it's very difficult to get a reservation.
(When) I usually play on the weekends, because I have work on weekdays.
(How often) I used to play once a month, but the last time I played was 6 months ago, so maybe I can't really call it a hobby anymore.
(How far)（特に必要ない）
(How long) We usually play for 2 hours, but I get really tired after an hour.
(Episodes) When I play futsal, I usually play with about 70% seriousness. Once I ran at full speed to get the ball and I almost sprained my ankle. I'm 37 now. Maybe 37 is not a good age to play futsal too seriously.
(Examples) Actually, I remember a friend who broke his leg playing futsal and another friend broke his rib snowboarding.

Conclusion【結論、締め、質問】

At this age, it's really important to be in shape if we want to play any sports. Do you play any sports?

　この「話の順番」を頭に入れて話すのは至難の業です。だから、常に頭に入れるのではなく、身体で覚えないといけません。色々なネタについてまずは練習してください。
　話す練習よりも書き出す練習の方が、言いたいことや全体が整理されるので、まずは書き出してください。回数を重ねていくと、癖になってきます。

質問されているつもりでドンドン話すのが英語の話し方

　他の学校はわかりませんが、私の中学では必ず上記の基本バージョン（Introduction − Body − Conclusion）（答え／出だし─説明─結論）で書かされました。レポートなどはレポート全体、そして各段落がこの構成になっていないと読んですらもらえないという有様です。それを中学、高校、大学（私の場合は大学院まで）で常に意識しているので、身体に染み込んでいます。

　あなたは中高の英語の授業でこういうことを教わっていないだろうし、英会話教室でもリーディングのクラスでは教えてもスピーキングクラスではおそらくあまり教えないと思います。だからあなたはこの話の順番を知らないだけでした。
　でも、これでわかりましたね。あとはこういうふうに話す（まずは書く）練習をすれば、私たちと同じように身体に染み込んできます。

　質問をされた時に「答え」はもちろん大事ですが、その後の説明がとても重要です。説明がないとどういう会話になるかお見せしましょう。

「好きな食べ物ある？」
「うん。あるよ」
「……」
「……」
「何が好きかって言わないの？」
「だって聞かれてないもん」

「I play futsal.」だけだと、「うん。あるよ」で終わっている感じがとてもするのです。「質問には答えたよ」という感じです。外国人と話している日本人や英会話教室の生徒さんは「うん。あるよ」で会話を終わらせていることがとても多いです。

こういう会話にしたくない方は、説明を十分しないといけません。説明する時は「what, why, where, when, how often, how far, how long」などと聞かれているつもりで自分からドンドン言うようにしてください。中には当てはまらないものもありますから、そういう場合はとばしてください。

最初はなかなか、当てはまる項目についてすぐに言うことができないと思います。これは単純に慣れの問題なので、数をこなせば自然とたくさん出てくるようになります。

よく「コツ」を教えてくださいと言われます。「コツ」には2種類あります。1つはある程度実践した方に、「あとはそこをこうすればやりやすいですよ」とアドバイスするものです。もう1つは教えてもわからないことで、本人が何度も繰り返してやることによってつかむものです。

まだやっていないか大してやっていないのに「コツ」もへったくれもありません。

まずは5トピックほどやってみてください。それで何も見えてこなければ、10。それでもダメなら20。20個もやれば、さすがに何か見えてきます。

千里の道も一歩から。しかし英語の勉強になるとみなさん、どうすればいきなり千里に到着できるかを考えてしまいます。正直、そんなものテレポーテーションしかありません。でもそれはでき

ないので、歩いたり、車で行ったり、バスで行ったりするわけです。歩くのは確かに大変なので、車かバスの方がいいと思いますが、いつまでもテレポーテーションの方法を探すのはもう止めましょう！

エピソードを入れると会話がさらに潤う

　例えば、友人に「京都行ったんだけどさ、清水寺よかったよ」とだけ言われたら、清水寺に行きたくなりますか？　清水寺に行きたくさせるのが目的ではありませんが、相手に興味を持ってもらうというのはコミュニケーションの原則です。それがないのであれば、コミュニケーションを図る意味はそもそもありません。

　そしてそれを可能にするのが情報量です。清水寺の面白かったところを1つ話せば、相手は興味を持つかもしれません。「へえ〜、そうなんだ」と言うかもしれません。

　例えば、私が清水寺に行った際は「胎内めぐり」というものを体験しました。お堂の下に大随求菩薩（だいずいぐぼさつ）の胎内に見立てた道があり、完全なる真っ暗闇の中を、壁に巡らされた数珠（じゅず）を頼りに進んでいきます。途中、文字が刻まれた随求石を回して、再び暗闇の中をたどってお堂の上に戻ってくるというものです。この真っ暗闇では、いくら目を凝らして見ようと思っても何も見えません。指で目を思いっきり開いてみたのですが、何も見えませんでした。

　そこまで言うと、「へえ〜そうなんだ」って思ってもらえます。たった1つのエピソードでコミュニケーションが成立するわけです。

　そして「Explanation」（説明）、「Examples」（例）、「Episodes」

（エピソード）がすべて揃うと、相手に「Emotion」（感情）が伝わるので、相手とのコミュニケーションがしっかりと成立します。「Emotion」が感じられないと、会話はとても機械的になります。「Explanation」のみで終わると事実関係の確認のように聞こえるので、「Examples」や「Episodes」がとても大事なのです。両方入っている必要はありません。どちらか一方でも十分です。

最後は「締め文」「質問」「オチ」のどれかで締める

そして最後に「Conclusion」（結論、締め）です。「Conclusion」にはいくつかのタイプがあります。例えば、私の例では、「At this age, it's really important to be in shape if we want to play any sports.」と話を締めました。締めると、話が一段落ついた、というのがわかるので、相手は質問をしたり、自分の話に置き換えて話してきます。「Conclusion」がないと話が終わったのかなんなのかよくわかりません。

「Conclusion」で話を締めるのが不得意な方は、質問で終わらせるというのもあります。「趣味」について聞かれたのであれば、趣味について聞いたり、「フットサルやったことある？」と聞いたりして、ボールを相手に投げてください。私はけっこう話し下手なので、質問で終わらせることが多いです。

もう1つの終わらせ方は、話に「オチ」をつけることです。大阪出身の方はこれでいきましょう。日本語のみならず、英語でもしっかりとオチをつけてください。

一見大変そうですが、意識してできるだけオチをつけるようにがんばっていると、オチをつけるのに慣れてきます。元々の性格は特に関係ありません。それよりも、自分で課題を決め、その課

題を常に意識しているかどうかの方が、はるかに大事です。あなたも常に自分の課題を意識して英語学習に取り組んでください！

では早速練習しましょう！

「What's your hobby?」あるいは「What do you do on the weekends?」と聞かれたという設定にしましょう。まずは簡単に答えていく、簡単に説明していく形でやりましょう。

Introduction（答え）

___

Body（説明）
（Why）

___

（Who）

___

（Where）

___

（When）

___

（How often）

___

（How far）

___

（How long）

___

(Episodes)

_____

(Examples)

_____

Conclusion（結論、締め、質問、オチ）

_____

Lesson 5：because、but、soで説明を長くしてみましょう

　まずは簡単に答えて説明してもらいました。次は少し答えと説明を長くしましょう。私の例を見ていただくとわかりますが、ところどころに「because」「but」「so」「and」を入れております。これらは英語で最もよく使う接続詞です。これらの接続詞を使うと文が長くなり、長文で話しているようにも感じられます。そして言いたいことに深みを与えるので、これらをできるだけ使って文を長くしてみてください。

　各接続詞をちょっと説明します。「because」は「なぜなら」「なんでかと言うと」という意味の接続詞で、何かを言った際にその理由をつける時に使います。例えば、「I went to see a movie.」だけだと「映画を観に行った。」ですが、この英文に「because」を付けると、「I went to see a movie because the trailer looked really good.」（映画を観にいきました、なんで観に行ったかと言

うと、予告編が面白かったから。）というふうに会話に深みが出ます。

「but」は「でも」という意味の接続詞です。私の趣味の例で言うと、「I usually play in Osaki, but it's very difficult to get a reservation.」（普段は大崎でやっているのですが、予約を取るのがけっこう大変なんです。）「I usually play in Osaki.」だけでもいいのですが、「ですが」（but）を付けることによって説明がさらに意味を帯びてきます。

「and」は追加情報を言う時に使う接続詞です。使い方もみなさんわかっていると思います。でも、使うことを意識するかしないかで利用頻度は大きく変わります。

私の趣味の例で見てみましょう。「Once I ran at full speed to get the ball and I almost sprained my ankle.」（一度ボールを取るために全力で走ったら、足首をくじきそうになりました。）

ここでの「and」の使い方ですが、大した使い方ではありません。日本語の「ら」の部分にあたります。「○○したら、○○しました（しそうになりました）」という使い方です。この文を初めて見た時は「長い！」と思った方が多いと思いますが、2つの短い文（Once I ran at full speed to get the ball と I almost sprained my ankle）を「and」でつなげているに過ぎません。

「because」と「but」に関しても同様です。2つの短い英文をこれらの接続詞を使ってつなげているだけですが、長文のように感じられますよね。

実際、本当の長文というのはあまり存在しません。会話での長文のほとんどがこれらのように「接続詞」を使って長く見えてい

るだけです。あなたも接続詞を使って長文で話しましょう！

　以下で、先ほど書いた文を「because」「but」「so」「and」を使って少し長くしてみましょう。思いつくものだけで大丈夫です。思いつかなければ入れる必要はありません。

Introduction（答え）

_____

Body（説明）

(Why) _____

(Who) _____

(Where) _____

(When) _____

(How often) _____

(How far) _____

(How long) _____

(Episodes) _____

(Examples) _____

Conclusion（結論、締め、質問、オチ）

作った文が合っているかわからないのですが

　こういった課題を出すと、英会話教室に通っていない方などから「自分で文を作っても、合っているかどうかわからない。これ意味あるんですか？」と聞かれます。

何事もやらないよりやった方が、百万倍マシです。

　まず文を作ってみると、こういうことも言ってみたい、これは何て言うんだろう？　と色々と考えます。そしてたまたま英語本を読んでいて、自分が言いたいことに近いことが出てきたら、これだ！　と思うわけです。文を作っていない人は、そんな出会いは万に1つもありません。言いたいと思っていることがないので、いくら英語表現を見ても、素通りです。だから覚えないし、一歩も進まない。ゼロにゼロを足しているだけです。

　また、文を作っていると、いつか「英会話教室に通おう！」と決めた時には英会話教室の先生に添削をお願いすることもできます。レッスンで言ってみて、直してもらうこともできます。文を作っていなければ、「ああ、作っておけばよかった」と後悔するだけです。

　実は最近知ったのですが、作った英文を添削してくれる人を見つけるサイトがあるそうです。そこでは英語を添削してもらう代わりに日本語を添削してあげないといけません。お金を払わずに添削してくれるので、とてもラッキーなわけです。そういうサイ

トもあるようなので、ぜひ探してみてください。

Lesson 6：Let's 音読!

　ある程度の分量の準備ができたら、次は音読です。添削してもらえる人がいるなら添削してもらってください。添削してもらえる人がいなければ、探してください。探せば絶対に見つかります。
　ただ、添削してくれる人が勝手に向こうからやってくるということはありません。都合よく白馬に乗った添削者があなたの元に現れることはないので、そういう人を待つのはやめましょう。

　前にも言いましたが、一度口にしたことがあることは口から出やすい。だから、何度も言いましょう。何度も声に出すことによって、何度も話したことがある話にしてしまいましょう。
　何度も言いますが、間違った英語を話す方が、まったく話さないより百万倍良いです。間違うのが恥ずかしいと思っている日本人の方はとても多いですが、**日本人以外は「間違えることより、話さないことの方が何倍も恥ずかしい」と思っています。**
　だから、合っているかどうかなんて二の次。まずは音読でとことん練習しましょう！

　そしてここから大事になってくるのは、「暗記」ではなく、「言い慣れる」ことです。「暗記」するつもりでやるのではなく、「言い慣れる」つもりでやってください。その感覚が次のLesson7から大いに役立ってきます！

Lesson 7：チラ見で音読!

　音読を何度かして話すことに慣れてきたら、次は「チラ見」です！
　外国人と話す時に、自分で作った会話文を紙に書いてそれを読みながら外国人と話すわけにはいきませんよね。でも見ないで音読は難しい。だからまずは「チラ見」しながら音読をしてみましょう。
　ちょっと慣れてきたら、ジェスチャーをつけてみるといいかもしれません。ジェスチャーと言っても、少し手を動かしたりする程度でかまいません。手で説明してしまわないよう気をつけましょう！

Lesson 8：見ないで音読!

　さあ、やってまいりました！　最終関門！　ここまで来ただけでも十分です。あなたはがんばりました。今までは、ここよりもはるか手前でくすぶっていたあなた。ここまで来た自分を褒めてください。自分へのご褒美に私の本をどっさりと買ってあげてください。きっと喜びますよ。私がね。

　さて、「見ないで音読」だと「抜け」を気にする人が多いです。

もちろん、せっかく書き出したこと、考えたことが抜けないのが理想ですが、それよりも意識していただきたいのは、「フロー」(流れ)です。

英語は流れるように言うと、すごく上手に聞こえます。 発音が良いけど詰まり詰まり話す人よりも、発音はカタカナだけど流れるように話す人の方がはるかに「ナチュラル感」があります。

だから発音とか情報が抜けることを気にするよりも流れるように言えているかどうかを意識してください。

Lesson 9：話せるトピックをあと2つ用意しましょう

同じ要領で、あなたが話せるトピックをあと2つ考えてください。第3部で書いたトピック・マトリックスに書き出したトピックでもいいですし、何か新しいトピックを思いついたならそれでもいいです。すごく面白い必要もありません。外国人はあなたと話す時に面白さを求めているのではありません。

そもそもコミュニケーションを取るというのは、お互いの思っていることや考えていることをシェアするところに意義があります。それを通してお互いを理解しあうというのがそもそものコミュニケーションの趣旨です。そう、「春曲(はるまげ)」です。そこはブレないようにしましょう。

話すことをどのように考えればいいのか、どのように書き出せばいいのかはもうおわかりだと思います。あとは実践あるのみ！

Lesson 10：さあ野郎ども！外国人を探しに行くぞ！

　さて、けっこうな自己紹介とトピック3つができあがったあなたは、もう話したくなっているに違いありません。そういうあなたは早速道行く外国人を取っつかまえて自分の英語を披露してあげてください。

　外国人の友達がいる方は今すぐアポを取りましょう。

　英会話教室に通っている方には、次のレッスンでの課題があります。

　⇒先生よりも多く話す。

　中には「いやいや、トピック3つぐらいでそんな外国人つかまえてもね〜」と言う方もいるでしょう。そう言う方は多分、ここまでは本を読んだだけで、書き出したりなどの実践をしていないのだと思います。

　これは実践した人にしかわからないことですが、ここまで用意すると、言ってみたい、使ってみたい、話してみたい！　と思うものです。だからまだ実際に話すのはちょっとハードルが高いと思っているのは、単純に話すことを用意しておらず、今のところはまだこの本を読んだだけだからです。なので、今すぐ実践してください。そして、みなさんと一緒に「話したい！」という気持ちを共有しましょう！

　「話したい！」と思っている方にはいくつかの選択肢があります。以下から次のアクションステップを選んでください。

1) 家の近くで外国人が通りかかるのを待つ。見つけたら話しかける。
2) 電車に乗って、おもむろに英字新聞や英語の本を読む。そして外国人に話しかけられるのを待つ。
3) 外国人がよく集まるバーに行って外国人と話す。
4) 友達に外国人が来るホームパーティーを主催してもらって、そこで外国人と友達になる。
5) てきとうな英会話教室に入学して、そこの先生を使って英語を話す練習をする。
6) スカイプとかでできる英会話みたいなやつをやる。
7) イムランの英会話教室に通う。
8) やっぱりイムランの英会話教室に通う。
9) オリジナルの選択肢。

　私の想像力ではこれぐらいが限界なのですが、もし他に何か選択肢があり、それが自分にとってハードルの低いものであれば、実践してください。
「どれもやらずにもう少し勉強する」というのは選択肢にはありません。

　一度、「実践アウトプット」を味わうとやみつきになります。それを感じてもらいたいので、お願いですから英語を使ってください。

　でも英会話教室とかお金かかるし～という方。ノープロブレムです！　多くの英会話教室には「無料体験レッスン」というものがあります。1回だけだったらタダよ、というシステムです。こ

のシステムを使わない手はありません。

　私の英会話教室以外でぜひこのシステムを乱用してください。そう、冷やかしに行くのです！　いくつか冷やかしに行けば、ここだったら続けられそうだなと思うところがあるかもしれません。変に気合いを入れて行こうとするからハードルが高いと思ってしまうだけです。

　英会話教室をおすすめしている理由はいたってシンプルです。お金さえ払えば、自分の都合を優先して、自分の話したいことを自分の都合で話す練習が自分の都合の良いようにできるからです。

　それ以外のところで出会った外国人というのは、英語の練習台にされることを3回目に会った時ぐらいから嫌がります。最初はいいんですよ。でも3回目ぐらいで「私はあなたの英語の先生ではありません。英語を習いたいならお金を払ってください」みたいな雰囲気が若干出てきます。

　なので、割り切った関係の英会話教室の方が色々な意味で楽なんです。

　ではみなさん、各々の一番しっくりくるやり方で英語を使いに行きましょう！！！

外国人と話す時に気をつけること

　さあ、アウトプットの準備ができたあなたに最後に贈る言葉です。外国人と英語で話す時にはいくつか常に頭に入れておいてもらいたいことがあります。ところどころ、ちりばめてきましたが、最後にちょっと整理しましょう。

1) 大きい声ではっきり話す

どんなに声が大きい人でも英語になると急に声が小さくなる方がけっこう多いです。そして、声が小さいから外国人に「え？」みたいな顔をされ、「いや、何でもないです。忘れてください」と言って、言い直さない方が本当に多いです。これは単純に声が小さいから聞こえなかったというだけなのに、変に遠慮しちゃうんですよね。

これは「言いかけて言わない」というパターンに似ているので、あまり相手は嬉しくないと思います。なので、こういった雰囲気にならないためにもしっかりと大きめの声で話してください。

あともう１つ大事なのは……あ、でもやっぱりいいです。それは次作でお話します。

2) 話を聞く時はうなずく、相づちを打つ、コメントする

日本人の方は英語になると、急に口数が激減します。そしてリアクションも激減します。話しているのに、うなずかなかったり、相づちがなかったりということがけっこうあります。

でもそれだと、「あんたの話聞くのも、相づち打つのもめんどうだよ」という印象を相手に与えてしまうので、話を聞いている時は必ずうなずいたり、相づちを打ったり、コメントしたりしましょう。

3) 質問をする

質問をするのは相手の話に興味がある時です。質問をしないのは興味がない時。相手に興味がないと思われないためには、必ず質問をするようにしてください。

4）相手の質問を待たない

特にマンツーマンレッスンばかりを受けてきた方に多いのですが、相手の質問を待ってしまう方もけっこういます。英語のレッスンでは生徒さんが話さないと大抵先生が質問をして会話を続けます。生徒さんはあまり気がついていないのですが、マンツーマンレッスンで会話が続いている一番の理由は、先生が会話を保たせるための質問をしているからです。

それを知らずにマンツーマンレッスンでは話せていると思っている方は、普通の外国人と話すと話がまったく続かないことに初めて気がつきます。中にはレッスンではあんなに話せるのに、レッスン外だと話せない！　と思う方も多いです。

これはとても悪いクセがついてしまっているので、気をつけないといけません。気をつけ方としては、相手の質問を待たずにドンドン自分から話していくことです。もちろん質問をするのもOKです。ただ質問を待つのはやめましょう。

英語レベルとトピック数の目安

トピックがどれくらい作れるかで、ある程度のレベルの目安になります。3個できた時点で、とりあえず初心者を卒業して初級者になります。もう二度と初心者と名乗ってはいけません。初心者と名乗るとえんま様に舌を抜かれるので、気をつけてください。

合計10個いけば、初級者を卒業して初中級レベルです。中級になるためには、あくまでも目安ですが、20個ぐらいでしょうか。

でも、各トピック数は単にその数のトピックを作ればいいってものでもありません。

「トピック作成」→「アウトプット」→「修正」を繰り返して初

めてトピックは成立します。初心者でいる間はトピックを作るだけでもいいですけど、初級に足を踏み入れたあなたはもうこの「トピック作成」→「アウトプット」→「修正」のステップを繰り返さなければなりません！

　さあ、早速アウトプットの場を求めてドアを開けましょう！

あとがき
――3ヶ月後の貴女へ（女性向け＝おっさんと男性陣は読まないように）

　3ヶ月後の貴女へ
　今、貴女は何をしているのだろう？　雨の音を聞きながら、僕の本を読み返しながら、話したいことを想像しながら胸を踊らせているのかもしれない。英語がスラスラと出てくるようになった自分を想像しながら、照れくさそうに笑っているのかもしれない。それとも今度外国人を取っつかまえたら何を話してやろうかと、そのギラギラした目で目論んでいるのかもしれない。

　これはあくまでも僕の想像だけど、君は3ヶ月前と比べたらずいぶん変わったと思う。英語に対して憂鬱になり、自分の英語力に対して卑屈になり、英語をあきらめていたあの頃。その時から比べると君は大きく変わった。僕はそう思う。

　そんな君に僕から最後のメッセージだ。

　僕の英会話教室で一緒に勉強しないかい？　え？　宣伝かって？
　違うよ。これは勧誘って言うんだ。英語本を書いている人はみんな自分の宣伝のために本を書いている。少なくとも僕はそう思っている。だから思ったんだ。僕は宣伝なんかしないってね。そう、ストレートに勧誘しちゃおうって思ったんだ。素直にね。
　え？　住んでる所が遠いって？　大丈夫だよ、引っ越しなよ。
　なんてね。まあ遠かったらしかたがないよね。じゃあ、これだけは約束してくれ。この本に書いたことを常に実践すること。

実践さえしていれば、君はこれからも上達し続ける。それは僕が保証する。

　君が驚くといけないから、これから先、未来の君にどういう変化が起こるかを先に教えておくね。

　今、君は話したいことを事前に考えて書き出している。それを言う練習をして、実践することによってさらにスムーズに言うための練習をしている。
　これを続けていくと、君は紙に書き出さなくても話すことが用意できるようになってくる。そう、頭の中で話したいこと、話すことをまとめられるようになってくるんだ。

　そして最後のステップでは、話しながら考えられるようになる。

　働いたことがある人はよくわかると思うけど、商品説明とかをする時って、新入社員の頃は書き出して、自分が話したいことをまとめて、それを覚える、という順序だったと思う。
　2年目ぐらいになると、急に新手の質問をされても、ちょっと時間があれば、書き出さなくても頭で整理してすぐに答えられるようになったと思う。
　そして10年目ぐらいになってくると、どんな質問の答えも話しながらまとめられるようになってくる。それと同じことが、貴女にも英語で起こる。

　なぜそんなことができるようになるか。それは簡単なことだ。それまでに貴女は英語で色々な話をしている。たくさんのことを書き出している。アウトプットしていることがたくさんあるわけだ。君

はだんだんとそれらを組み合わせて話すことができるようになる。

　商品説明と一緒さ。今までの経験が全て線でつながりはじめる。今まで個別に覚えていた英語表現、そして会話のトピックが線上でつながり始める。そうすれば、君は日本語と同じように英語を話せるようになる。

　その時まで、この本で学んだことを実践してほしい。

　時には気持ちが沈むこともあるかもしれない。そういう時はがんばらない。無理をしない。自分を責めない。そして何も考えずに僕のYouTubeの動画レッスンを見て、一緒に発音してくれれば良い。そうすれば、時間はかかるかもしれないけど、君の気持ちはまた昇ってくる。
　その時にまたガッツリやればいいのさ。

──おっさんとか男性向け

　おっさんさ、よくここまで来たよ。普通、英語の本て読み終わんないからね。がんばっても20ページだよ。ここまで来ただけでも、表彰もんだと思うよ。

　俺がさ英語講座とかやると、基本女性が多いのね。でもたまに男性の方が多いことがあると、けっこうテンション下がるのよ。わかるでしょ？　でもね、あなたが俺の本を最後まで読んでくれたことに俺は本当にありがたい気持ちでいっぱい。テンション上がっちゃったよ。
　よくがんばった。今までに何度も英語を挫折しそうになってきた

と思うよ。周りにもまだ20代なのに「いい年こいて今さら英語？」って言われたこともあると思うよ。心が折れそうになった時にゆきずりの女を抱いちゃったこともあると思うよ。同年代の人から「７０歳で英語って何考えてんの？」って言われたこともあると思うよ。本当に余計なお世話だよね。自分は大して釣れもしないくせに釣竿買ってるくせに。

　でもね、ここまで来た。それを自分の誇りにしてほしい。今まで何万人の日本人が何万冊の英語本を買っては途中で止めていたか。それを考えるとあんたがやったことは快挙。それは間違いない。

　明日から英語街道を胸を張って進んでいってほしい。そして何度も自分に言い聞かせてほしい。「俺はやった」そして「これからもやり続ける男だ！」ってね。

　英語ってね、ゴールがないんだよ。だから素晴らしい。よく言うじゃない、恋って付き合うまでが楽しいって。ゴールに到着すると、その瞬間虚しくなる。でも幸か不幸か、英語にはゴールがない。ゴールがないということは、こと英語になると、いくらでも自分を高められる。で、結局男って、昨日の自分よりもレベルアップしたい。今日の自分よりもレベルアップしたい。そういう気持ちが大きいでしょ。だから、英語は男が男であるための最も男らしい学びだと思う。ある意味ロマンだよね。

　最後にこれからあなたに起こる変化をちょっとだけ教えておくね。女性向けのやつ読むなって言ったのに読んじゃったと思うから、若干繰り返しにはなるけどさ、まあもうちょっと付き合ってよ。

　今は話したいことを書いてまとめているレベルだと思う。次のレベルでは書き出さなくても、頭の中で整理できる時期がくる。そし

てその時期を経て、話しながら考えられるようになってくる。何事もそうだけど、続けていれば絶対にできるようになる。英語も一緒。この本で学んだことを実践し続ければ、絶対に英語を話しながら話すことを英語で考えられるようになるから。

　そしたら、思い出してほしい。自分がこの本を読み終わった瞬間を。そして「俺はあの時と同じようにやったんだ」、そう自分に言い聞かせてほしい。
　そしてその「成功のイメージ」を常に頭に描いていてほしい。恋と同じように、「成功のイメージ」を思い描いていれば、毎日の英語の勉強が楽しくなる。それは間違いない。

　いやぁ、英語って本当(ほんっとう)にいいもんですね〜。

Bye-bye, bye-bye, bye-bye.

イムラン

イムラン・スィディキ（Imran Siddiqui）

1976年生まれ。コペル英会話教室麻布十番本校のオーナー校長。上智大学大学院時代に様々な英会話スクールで教え、超人気講師に。大学院卒業後、中央青山監査法人に就職したが、英会話スクール業界の改革への気持ちが冷めず、2003年にコペル英会話教室を設立。mixiコミュニティ「英語英会話一日一言」は大きな話題を呼び、現在メンバー数は10万人を超える。1日で英会話の基礎を学ぶ「イングリッシュ・ブートキャンプ」をスタートさせるほか、現在、多数の英語教材を開発している。著書に『これだけ言えれば会話が続く！ 英語表現100』『ニュアンスまでわかる！ 伝わる！ 英語表現200』（だいわ文庫）など。

＊コペル英会話教室
麻布本校：東京都港区麻布十番1-3-8　F PLAZA705
恵比寿校：東京都渋谷区恵比寿西1-17-1　プルミエール恵比寿203
電話 03-3583-1960

これを読むまで英語はあきらめないでください！
使える英語の最短ルート勉強法

2014年 5月25日　第1刷発行
2022年 5月 5日　第5刷発行

著者	イムラン・スィディキ
発行者	佐藤靖
発行所	大和書房
	東京都文京区関口1-33-4 〒112-0014
	電話　03-3203-4511

装丁	金井久幸（Two Three）
本文デザイン・DTP	荒井雅美（トモエキコウ）
カバー写真撮影	笹井孝祐
イラスト	中村隆
カバー印刷	歩プロセス
本文印刷	シナノ
製本	小泉製本

©2014 Imran Siddiqui, Printed in Japan
ISBN 978-4-479-79439-4
乱丁・落丁本はお取り替えします
http://www.daiwashobo.co.jp